愈花愈有錢

跟著有錢人學理財

馮潔 著

學習理財，幸福人生自己賺

我是兩個孩子的媽，家庭是我的主業，工作是我的副業。我喜歡跟朋友們分享理財的故事與我的經驗；我喜歡在我的財稅專業範圍內幫助周遭的朋友，解決他們的問題。

我是戰後嬰兒潮中期出生在軍人家庭的平凡人，有 3 個姊妹，從小生活並不寬裕，但是父親格外注重我們的教育。記得我小時候，家裡不需要冰箱，因為飯菜當天就被一掃而空。儘管只有粗茶淡飯，父母親借錢也要讓我們受好的教育，並不斷給我們正確的觀念。我們四姊妹，到 20 歲生日的那一天，都會收到一枚圖章和幾塊錢，父親教我們的第一堂理財課，就是去郵局開個帳戶，這是我家的成年禮，以後帳戶中是多是少，就是我們自己的事了。從 20 歲開始，這本郵局的存摺變成我生命中很重要的指標，在物資缺乏的年代，存摺裡的數字，就是我全部的資產，當然不包含人力資產。

因為太認真，被老闆開除

我在大學時代主修數學，學會了複利數學，認識到時間與利率造成資產的增減，對我的一生影響深遠。同班同學多半成為公教人員或是大公司的內勤主管，我則在因緣際會之下先從商，再回歸家庭，之後又

復出職場。財務管理是貫穿我職涯的重要因素，經商時管理公司的財務；回歸家庭時管理家庭的財務。復出職場後，不斷在專業上學習，取得了不少的財經證照，其中 CFP 認證理財規劃顧問，是國人還不熟悉的證照，全臺僅有 1300 多人擁有這張證照。我們涉略的範圍包括個人投資理財、風險管理、退休規劃、資產傳承、租稅規劃、信託規劃等等全方位的服務。考這張證照念的書比四年大學念的還要多，許多人聽到這就放棄了，很慶幸努力沒白費，讓我能成為 CFP 的持證人，更高興的是，我的兒子徐鈞也持有 CFP。

小時候家境不好，我靠著半工半讀支付自己大學學費與生活費，僅剩的微薄收入，也寄回家給父母。我不會游泳，不會溜冰，不會打球，也不會任何樂器，所有課餘的時間，都在工作；擺過地攤，做過手工藝，當過家教。25 歲結婚時，我跟先生的資產只有 10 萬元現金，年輕還沒有孩子的年代，我跟先生兩人每天都工作 16 小時以上。記得我好幾份工作，都是因為太認真努力而被老闆開除的，不可能？是真的！

從月薪 2000 元到賺一個資本額

我的第一份工作因為沒有經驗，只有一般人一半的薪水，姊姊說我被欺負了，叫我不要去，但是我跟姊姊說，我去學一個經驗，下一份工作就不會被欺負了。當時一般月薪約 4000 元，第一個月，我拿到 2000 元，

做小妹兼英文祕書（全公司只有我會英文）；第二個月老闆給我 2500 元；第三個月幫公司接獲外銷訂單，薪水 3000 元；第四個月，老闆發給我 3500 元後，叫我去外面找工作，說我是個有潛力的好員工，值得更高的薪資，但是他的小公司負擔不起。

於是，我換了一個 4000 元薪資的工作，老闆叫我負責與外國客戶接洽，但是估價、報價只教另外一位不會英文的同事，不教我，我只能用偷聽的，記下所有的細節。半年後，終於等到機會來了，一天老闆不在，會估價的同事請假，偏偏外國客戶要求立即報個大約的價格，於是我拿出偷學的本領，現場估價報給了客戶。老闆回來後以為是另一位同事估的，還誇她估得很準，當老闆知道是我報的價，給了我一個大白眼，儘管客戶訂單接到了，答應我的年終獎金卻不發了。

之後到了一家更大的外銷機汽車零件公司，上千項的產品我花了 3 天的時間，全部背了下來。國外客戶來訪，公司上上下下的人都以為我以前做過這個行業，客戶都喜歡由我處理他們的訂單，廠商也喜歡我替他們安排出貨，我也很喜歡這樣的工作環境，假日加班也樂此不疲，直到老闆向廠商打聽我是不是想自立門戶，搶走公司的客戶，我這才知道，太努力工作原來不一定是一件好事。

正當我陷入工作低潮的時候，老天垂憐，掉了個機會在我眼前，一位

長輩要找人幫忙經營他的新公司，好讓他以公司董事長的名義出國，財務他負責，業務我負責，就這樣，我們的公司開張了。除了吃飯睡覺外，我都在工作，三個月後接到第一筆外銷訂單，一年後賺了一個資本額，四年後長輩退休了，公司留給了我。以上電影般的情節全屬事實，絕無虛假。今天回過頭來看，仍然覺得以前的每位老闆，不論是正面幫助我的，或是負面鞭策我的，都是老天派來幫助我成功的。

努力工作，努力理財，努力投資

朋友安琪，25 歲結婚，29 歲首購自住房屋，39 歲擁有店面，44 歲擁有別墅，完全沒有靠父母祖先的財務幫忙。或許你可以說她很幸運，但是她真的很努力工作，努力實踐投資理財。只要開始，你也可以。

我想要告訴年輕人，只管自己努力，不要在乎眼前的收穫，當別人預期十分，我們做到十二分，不要怕吃虧，在這邊吃的虧，也許在別處還回來。對自己的財務負責，年輕時，節制花費，多花時間學習如何理財，多為老年的自己想想，將來才不會後悔。

這本書中分享的例子，都是真人實事，好的值得我們學習，不那麼好的值得我們借鏡，願與大家共勉之。

002 自序 學習理財，幸福人生自己賺
008 前言 運用財務報表 讓夢想達陣

Part 1：理財動機篇

Chapter1 為何要做家庭財報？013
014 財務報表 個人與家庭的理財成績單
016 管理家庭財務 好比經營公司

Chapter2 家庭財報的重點 027
Sec.1 資產負債表：為你的財產做體檢
029 製作資產負債表的目的
039 七堂讓資產增加的理財規劃課
039 Lesson 1 資產的增值與折價
039 Lesson 2 資產配置學問大
041 Lesson 3 買房子？買股票？你選哪一個？
042 Lesson 4 買車需考慮的那些事
043 Lesson 5 除了會賺錢還要能還債
049 Lesson 6 什麼是良性負債？什麼是非良性負債？
053 Lesson 7 如何讓自己愈賺愈多

Sec.2 損益表：你到底賺了多少？花了多少？
056 損益表告訴我們的三件事
059 重點 1 計畫經濟：多賺不表示能多花，少賺一定要少花
061 重點 2 財務目標與優先順序：先還債 還是先享樂？
062 重點 3 努力增加非工資收入：不工作也要有錢花
065 記帳的目的在找出每月收支結餘

Chapter3 理財是為了圓夢 067
068 年輕人的脫殼計畫
072 雙薪家庭的換屋計畫
074 子女的教育基金計畫
078 離開職場的退休計畫
090 安享晚年的養老計畫
091 企業主的風險管控計畫
093 財留子孫的傳承計畫
098 照顧自己與家人的信託計畫

Chapter4 別讓權利稅著了：善用稅務報表，聰明節稅 099
100 稅務報表裡的數字玄機
103 資產市價與課稅：這麼做可以節稅
110 稅率與稅基的迷思：稅率降不見得少繳稅
112 稅改下的資產管理策略：不管錢多錢少，能省當省

Part 2：理財實踐篇

Chapter5 記帳，真的很簡單　115

116 理財第一步，從記帳開始

117 發票記帳法：針對有發票的消費

117 現金存量記帳法：針對沒有發票的消費

119 信用卡記帳法：針對可以使用信用卡
　　 付款的消費

120 尋找軟體幫手：適合善用 3C 產品的人

121 懶人記帳法：按月檢示帳戶餘額推估收支

Chapter6 你離夢想還有多遠？125

Chapter7 你是理財資優生　　137
　　 還是要重修？

Chapter8 理財目標與方
法：通往夢想之路　　149

150 訂定目標 開啟人生夢想

152 編列預算 朝圓夢之路邁進

161 確實執行 讓夢想成真

Chapter9 附錄　　　164

164 PIVI 現值因子表

166 PVIFA 年金現值因子表

168 FVIF 終值因子表

170 FVIFA 年金終值因子表

運用財務報表 讓夢想達陣

我在學校念的是精算，也稱為商用數學，除了許多許多的數學課之外，會計是必讀的，從初級會計、中級會計、高級會計到成本會計，一科不少。會計是我最不喜歡的一門課，因為我不喜歡交作業——製作報表。

今天竟然跟大家分享從家庭財務報表談理財，是我以前絕對想像不到的。在學期間，學習是被動的，不知道學習與實務間的關聯，考試會過就滿意了。出了社會，當然不會選擇跟會計有關的工作，直到自己創業當老闆時，時常為了帳務的平衡，跟公司的會計小姐通宵加班，非常挫折，完全沒有當老闆的成就感，這才不得不正眼看待財務報表，後悔以前沒有好好把它學好，重新補修也怨不得老師，真是學而知之，不如困而知之。歷經國稅局查帳與補稅的洗禮，到後來公司轉讓的過程，這才把會計這門課補修完畢。

財務報表中隱藏的理財密碼

重新學會財務報表時，並沒有帶給我多大的感覺，只求每次左右平衡，就覺得很高興，因為不用再加班了。某一天，在看年度報表時，隨手拿起去年的報表，看到這一年來的成長，開始感受到有一點點有趣，

我開始期望時間過得快一些，好想看看下一期的財務報表，並且仔細地研讀財務報表中的數字密碼，以便找出並了解一些訊息，作為將來下決定的參考，好讓自己再看到持續的成長，甚至是驚人的成績。這個經商的經驗，讓我成長許多，也讓我真正學會用財務報表來管理公司及後來管理自己的家庭財務。

可能有人會認為，個人或家庭的收入與支出很簡單，又不用給別人看，沒有需要做財務報表吧！其實做不做財務報表，不是重點，達成我們的夢想或願望才是。企業的目的是賺錢，夢想可能是成為業界的龍頭；家庭與個人的夢想，可能是讓家人過更好、更安心的生活。但是夢想可能還很遙遠，有效地運用財務報表，可以幫助我們一點一點的累積財富，幫助我們早日達成目標，並且從財務管理中找到樂趣與成就感。

先生，請問您到哪？

我從事業務教育訓練工作多年，業務管理最重要的是目標與時限，我時常用下面的故事來讓學員們了解目標與時限的重要性。一天在忠孝東路上，某位乘客上了輛計程車，計程車司機問説：「先生，請問您到哪？」乘客説：「往前一直走。」於是，計程車司機往前緩慢地行駛在慢車道上。您認為他的行車時速會大於 50 公里／每小時？還是小於 50 公里／每小時？一般來説會是小於 50 公里吧。乘客説：「你怎

麼開這麼慢啊？」司機説：「您沒説要到哪？也沒説什麼時間要到，我若開快了您突然要轉彎就來不及了。」乘客又説：「我要去台北車站趕 20 分鐘之後的高鐵。」這時，司機二話不説，轉入快車道，以最快的速度往臺北車站奔馳，火速將乘客送達臺北車站。

理財若沒有明確的目標和時間表，就會像前面的例子一樣，財富緩慢的累積，臨時起意的消費，甚至讓它停滯在原地。我們每個人每天辛苦的努力工作，換取收入來改善家裡的生活，若是沒有計畫，沒有時間表，隨著時間的飛逝，很快的到了退休的時候，才發現自己許多的目標都沒有完成，許多的夢想變成了空想，懊悔就來不及了。

每個夢想都要一個財務計畫

説到夢想，每個人小時候都寫過的作文題目是：「我的夢想」。有人想環遊世界，有人想擁有超跑賽車，也有人想擁有一個大城堡，甚至有人想要上太空。年齡漸漸大了，夢想就可能變得比較實際，看看下面哪些夢想跟您的一樣：

- 我想買一輛賓士 E200 的轎車
- 我想在臺北買一間 30 坪的房子
- 我想存夠錢讓女兒 22 歲可以出國深造
- 我想在 40 歲的時候創業

- 我想買一棟別墅
- 我想在 55 歲的時候退休
- 我想買一塊地，退休後自己耕作，享受田園生活
- 我想退休後有足夠的生活費，並且可以到處遊山玩水

每一個夢想都需要一個財務計畫，才能達成，了解財務的現況是開始。就像有一個女孩說，她想要在一年內瘦到 50 公斤，第一個問題一定是問她：「現在幾公斤？」比方說是 65 公斤，於是，時限是一年，目標是減輕 15 公斤，想要達成這個目標，需要一套可執行的計畫。

曾經有減重經驗的人都知道，減重最重要的事之一是每天量體重，唯有每天量體重，才能掌握目前體重與目標體重的距離，及減重的進度。財務目標就像是體重目標，做財務報表就像是量體重，檢視財務報表內容就像挑選適當的食物，經由管理與分析財務報表，來確保達成期望的財務目標，就像經由追蹤與分析體重現況，來達到減重的目標。

財務報表其實有兩種：一種是表彰財富的財務報表，另一種是政府課稅用的稅務報表。對有些資產而言（比如說：房地產、黃金、保險、基金配息等等），呈現在這兩種報表內的數值是不同的，若我們能有所了解，對總體財富來說，是很有幫助的，尤其是不想多繳稅的人。後面的章節中，我會再加以說明。

Part1

理財動機篇

Ch 1

為何要做家庭財報？

本章重點：

1. 個人或家庭是您最重要的事業資產。

2. 個人／家庭財務報表就是財務成績單，藉以了解目前財務狀況。

3. 擁有理財能力比財富本身更重要。

4. 不當的理財，是危險的行為。

社會新鮮人剛出社會找工作，一定都會希望在一個財務穩健，最好是很賺錢的公司工作，才會有好的未來。

當我們有了財力可以投資股票的時候，一定會選擇一個過去很會賺錢，將來又有前景的公司來投資，所以一定會看看這家公司過去的表現，也就是財務報表，再來決定，看看如果我投資 10 塊錢，它可以幫我賺多少錢。（當然如果是聽信明牌型的投資，或是著眼於未來可能有賺錢機會的新興行業，可能不適用。）

❖財務報表 公司與個人的理財成績單

公司行號，不論是對股東負責，或是吸引新的投資者，或是作為向政府繳稅的依據，都是以財務／稅務報表來展現公司團隊的賺錢能力與累積資產的本事。**財務報表包括資產負債表、損益表、現金流量表、股東權益書等等。**

這跟家庭財務有什麼關係呢？在我們求學的階段，學業成績代表我們學習到哪個階段？是否有什麼地方需要加強？能否進入下一個學習的階段。財務報表就像財務成績單，可以看出自己在財務上哪裡有進步的空間，哪裡表現優異。

看理財態度挑女婿

如果有一個男孩子去女朋友家，請女朋友的父母同意他們結婚。女方父親問這個男孩子：「你如何證明你有能力照顧我的女兒？」男孩子說：「我工作 5 年，存了 200 萬。」並且拿出了一份報表，顯示過去 5 年，他收入的成長與資產累積的情況，女友父親會不會放心把女兒嫁給他？您認為讓人放心的是那 200 萬？還是這男孩管理自己財務的能力與紀律呢？

200 萬元似乎不是多少錢，相信工作過的人都了解，但是能在 5 年內存下 200 萬，對社會新鮮人來說，就不是一件簡單的事了。許多年輕人進入職場 5 年，總收入都還沒有 200 萬。但是重點應該不是這 200 萬，而是這個年輕人，為了讓未來的配偶生活無慮，而有紀律的管理自己的財務，這樣深謀遠慮、負責任的態度，應該才是讓對方父母放心將女兒嫁給他的原因。相信他在未來，仍然會以一樣的態度，認真工作和打理他們的家；一樣的謹慎理財，讓女兒幸福的生活。

時常在新聞中看到資產多少多少以上的人占百分之多少，財富前百分之五的人約有多少人，您會不會好奇這些資料是哪裡來的呢？國稅局能夠掌握大部分人民的收入與資產，作為課稅的依據，**您知道自己的財富有多少嗎？您希望退休前累積到多少財富？您知道政府會從您**

今生的努力成果中拿走多少嗎？

❖ 管理家庭財務 好比經營公司

我曾經是貿易公司的老闆，結婚生子之後為了照顧孩子，而將貿易公司結束了。在再次進入職場之前，我是全職的家庭主婦，家庭就是我最大的事業。先生將收入全權交給我管理，我便用以前經商時管理公司財務的方法，來管理自己家庭的財務。我的先生對財務了解不多，對會計一無所知，但是多年以來，他就像是公司的老闆一樣，只掌握最重要的財務資訊：現在我們家的現金有多少？去年存下了多少？投資是賺？還是賠？總資產有多少？過去一年增加了多少？我會跟他分享我這段時間的理財成果，我們會一起討論接下來的財務目標，比如換車、置產、出遊、子女教育等等。

夫妻就是家庭企業的合夥人，有時難免會有意見不一致的地方，當兩人對財務的看法不同時，很容易引發爭執，我想夫妻雙方應該充分的溝通，如果兩人都同意的財務決定，即使事後證明是錯誤的，應該兩人一起承擔這個結果，而不是責難任何一人。就好像說，公司董事們開會決定的投資案，無論成敗，大家一起來面對，檢討原因作為下次決策的參考，避免重蹈覆轍。

回顧數十年來，我們夫妻曾經投資朋友的公司，賠本出場；曾經在第一次證券交易所得稅開徵風暴中，因股市無量下跌而損失不少；更曾經在 SARS 造成的金融風暴裡，在股市損失 50% 的資產。但是我們卻沒有一次因為這些財務損失而吵架或翻臉，經歷這些損失的慘痛經驗，也繳足了學費，讓我們學會了謹慎的資產配置，後來平安的度過 2008 年世界金融海嘯。

每一次經濟風暴都是翻身的契機

許多人都有投資失敗或虧損的經驗，有些人選擇從此只放定期存款或儲蓄保險，再也不投資風險性資產；有些人選擇去了解為什麼會虧損？應該如何做才能避免虧損？然後等待下一個時機的來臨，為自己扳回一城。對於前者來說，最好市場不要有波動，或是波動不要影響到自己；對於後者來說，市場波動越大越好，才會有逢低買進，逢高賣出，增加財富的機會。一個人的財富結果，絕對是來自一次又一次的選擇所累積出來的。股市也好，房市也好，沒有永遠上漲的，也不會永遠在低檔，而是高高低低一直循環著，儘管之前選擇錯誤，還有機會重新選擇。重要的是，我們知不知道錯在哪？下次該怎麼選？在我們一生中，大約會經歷 5 ～ 6 次大的經濟風暴，每一次都是我們翻身的機會，只要不放棄，只要肯學習，永遠有機會彌補虧損，累積財富的。

把經營公司財務的概念，用到自己的財務上，是很簡單的觀念，但是很少人想到，更少人做到。很多人告訴我，財務報表太複雜，不會做，即使會做，也太麻煩了，很難持續下去。然而，不管我們進多大的公司，在多大的企業上班，或個人在職場上有多大的成就，**對每個人來說，真正最重要的企業、最重要的公司，應該是我們自己的家這個企業，對吧？我們怎能不知道家庭的財務狀況呢？**

生在有錢人家 不如會理財

如果我們能將家庭財務管理得當，能妥善地配置各種資產，並為各種風險做好準備，了解自己的收入來源與支出種類，財務槓桿與負債情況，財富增長情況等等，從而改善造成財富短少或不增值的原因，以達成各項財務目標，會不會讓我們的家庭合夥事業更好呢？更容易達成自己想要過的生活？**理財跟其他的專業一樣，需要學習，需要不斷地琢磨精進，擁有理財的能力，比財富本身更重要。**

許多生在有錢人家的人，因為不擅理財，當風險發生或做錯財務決定，導致家道中落，一蹶不起。在我們教育子女學習各項專業的同時，也應該教育他們培養理財能力，教育他們何謂資產與負債比，何謂良性負債，如何累積非工資收入，及如何量入為出，計畫消費。

實例一 | **先生外遇，家庭主婦錢途茫茫**
主角背景：中年女性，家庭主婦，育有一女，由先生賺錢、管錢，名下存款不多，無特殊才能。

有一天我在咖啡廳等朋友，無意間聽到隔壁桌兩位美女的談話。甲女述說著發現先生有外遇的過程，一哭、二鬧、三上吊，所有的招術她都用過，也當場抓個正著，結果先生大方地承認外遇，但是沒有打算要結束這個關係，還叫甲女要接受。乙女問她：「為什麼不離開他？」甲女說：「女兒才念小學，我已50歲，婚後就在家沒工作，現在已經找不到工作，沒有謀生能力，若離婚，跟女兒要怎麼生活？」乙女問說：「妳這些年都沒有儲蓄嗎？」甲女說，都是先生在賺錢和管錢，每個月給她家用及孩子的補習費。事發之後，甲女找出先生的存摺來看，發現存摺內大筆資金已被轉出，對將來的日子感到惶恐不安。

兩女沉默了好一會，突然乙女說了：「我告訴妳，妳現在不要再吵鬧了，要每天打扮得漂漂亮亮的，煮先生最愛吃的菜，叫女兒打電話請爸爸回家吃飯。只要他回家，妳一定要和顏悅色、笑臉迎人，想盡辦法讓他高興，他才不會一去不回。」甲女說：「妳是要我跟小三競爭嗎？」「不，是把自己當小三。」乙女說：「不要撕了自己的飯票，先想辦法生活下去，再想辦法存錢。」

聽到這，我的朋友剛好到了。回家的路上，這個故事一直盤旋在我的腦海中，胸口一股鬱悶之氣，久久不散。

我一直在想，如果時光倒轉到他們新婚之後，兩人坐下來為未來的家庭經濟大計，好好的討論，得到共識後，共同為了家庭的目標與夢想而分工合作，並時常討論他們的財務報表，能不能避免像現在這樣的無奈？當然財務與感情不一定成正相關，但是及早發現歧見與財務異常，或許能減少傷害，避免陷入如此的困境吧？

幾年前，曾經有一對夫妻找我替他們的孩子規劃教育準備金。先生是高收入小企業主，太太是家庭主婦，我在了解他們的狀況後，為他們的寶貝做了一份計畫，另外也說服先生，每月提存一筆錢到太太名下，當作太太的薪資。我告訴他們，家庭主婦的貢獻是有價值的，也應該有收入，不然孩子交給別人帶，不也要花錢嗎？太太聽了猛點頭，先生也就這麼做了。

到現在短短幾年時間，太太帳戶中已有 7 位數字的資金投資於海內外基金，如果要領這筆錢，必須要太太簽字才行。

實例二　**中年重病，妻子銀子全沒了**
主角背景：經商的中年男性，娶了外籍新娘，無子嗣，
太太掌管公司財務。

俊文是位獨自創業的成功企業家，接近中年才與外籍新娘結婚，
婚後一直沒有子女。俊文工作非常拚命，時常加班熬夜，飲食不
是很正常，不到 50 歲，竟然中風，一病不起。太太將他送到安養
院之後，將他個人及公司所有存款提領一空後捲款而逃。俊文的
哥哥與家人遍尋不著，只好輪流來安養院陪伴照顧俊文，大家一
起支付俊文的安養費用。哥哥說每次去安養院看到俊文老淚縱橫，
喪失了鬥志，真是讓人鼻酸。

我們不要談俊文太太捲款而逃這件事，我相信這只是個案，大部分的
婚姻不會這樣。我用另外一個成功規劃的例子來闡述失能規劃的重
要性。

實例三 | **退休前中風，保險幫大忙**
主角背景：開業醫師，太太是家庭主婦，子女學成就業中。

冠群是一位自行開業的醫師，已婚有子女，太太也是家庭主婦，工作平順，家庭生活和樂。但很不幸，冠群在退休之前中風了。診所當然結束了營業，冠群住進了安養中心，少了開業的收入，家裡的存款只夠支付生活費與貸款本息，孩子們雖已進入職場工作，可以養活自己，但是沒有能力支付照顧父親的費用。還好，冠群在生病之前，投保了重大疾病險及失能險，為他支付了龐大的醫療費，並且在之後的 15 年，按月支付他失能保險金，讓冠群在安養中心不用擔心中斷的收入對他的家庭會造成衝擊。冠群太太不用外出工作為看護費打拚，孩子們也不用身兼數職幫忙賺錢。不僅冠群本人是這個規劃的受益人，他的家人也都受益。

在做家庭財務管理時，首先應該考慮的是風險，萬一收入沒有了，要怎麼辦？在哪些情況下收入會沒有呢？有什麼辦法可想？有誰可以幫忙？可以幫多久？從家庭財務報表中，我們可以檢討保險費結構與保障涵蓋的內容，讓萬一不幸的損失降到最低。

實例四 **房產全分光，老年生活拉警報**

主角背景：靠終身俸生活的退伍軍人，擁有房屋3棟，
老年喪偶，獨自居住。

陳伯伯是位非常愛家愛子女的長輩，凡事都是子女優先，自軍中
退休後有終身俸，雖不多但是生活不成問題。陳伯伯怕政府的遺
產稅金太重（當時遺產稅率最高是50%），早早就把房子分別過
給了一兒一女。多年後，老伴走了，陳伯伯病了，突然增加了住
院醫療費及看護費，陳伯伯的終身俸不夠付，叫兒子來付，兒子
說沒錢。陳伯伯說房子呢？兒子說房子早賣了，錢也花光了。叫
女兒來付，女兒也沒錢。房子呢？要住啊。最後陳伯伯只好把房
子出租，自己搬到女兒家同住，用房租收入來填補現在及未來醫
療費的不足。

從我知道這個故事之後，只要長輩或朋友們想跟我討論移轉資產給子
女的事，我一定先請他把老年安養這部分規劃好，才願意著手幫他規
劃財產移轉的事。

想像看看，如果您有習慣製作家庭財報，多年後，突然有天，看到報
表上的資產，因為移轉給子女而大減（這個資產跑到子女的資產負債
表裡，不再是您的了），而您已退休沒收入了，會是什麼心情？會不
會有點不踏實？

用財務報表來管理財務，可以清楚了解我們的財務狀況。

Q: 我的收入有多少是來自工作？多少來自理財？

圖 1-1 收入來源

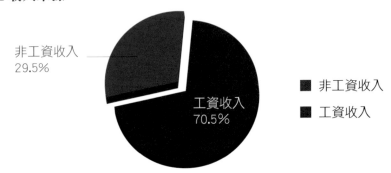

Q: 我的支出都用到哪裡去？

Q: 我的支出與我未來的財務目標相符合嗎？

圖 1-2 支出比重

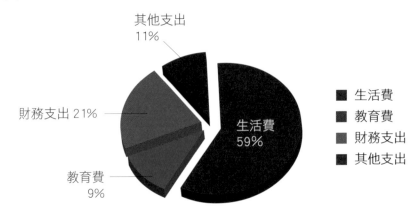

Q: 我的資產種類有哪些？

Q: 固定資產與流動資產比例為何？

Q: 固定資產中，自住房屋占多少比例？

圖 1-3 資產分配

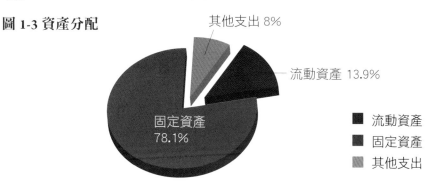

其他支出 8%

流動資產 13.9%

固定資產 78.1%

■ 流動資產
■ 固定資產
▨ 其他支出

Q: 我的不動產會不會比重太高？會有什麼風險？

Q: 怎樣的資產配置才是安全的？

圖 1-4 資產總額

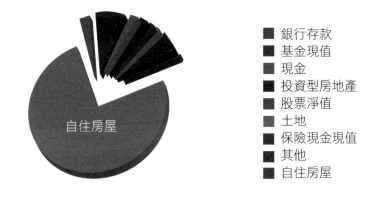

自住房屋

■ 銀行存款
■ 基金現值
■ 現金
■ 投資型房地產
■ 股票淨值
■ 土地
■ 保險現金現值
■ 其他
■ 自住房屋

Q: 我的負債占總資產多少比例？

Q: 我何時可以退休？

圖 1-5 資產負債比

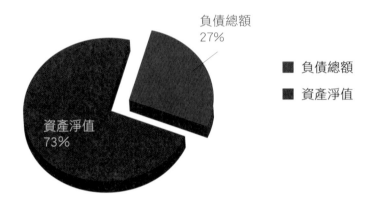

Q: 我的流動資產足夠隨時償還負債嗎？

圖 1-6 償債能力

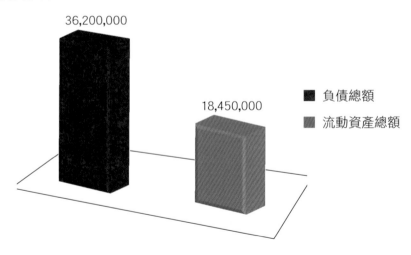

Ch2

家庭財報的重點

本章重點：

1. 計畫經濟，量入為出，只能有結餘，不能有透支。
2. 理財投資是需要學習的。
3. 致力於增加非工資收入。
4. 何時退休，不是年齡決定的，而是財務決定的。

做自己資產的執行長，**首先必須先了解自己的財務狀況，擁有哪些資源？然後才能找出方法達成家庭財務目標。**

Sec.1 資產負債表：為你的財產做體檢

對於原來不是學商或會計，也看不懂財務報表的人，可以從簡單的概念、簡單的步驟，來了解如何管理自己的收支與財產，從看得懂到能夠使用。

以前在學校，老師會從收入、支出、日記帳、分類帳，再慢慢教到各種財務報表。前面說過會計是我很不喜歡的一個科目，只求考試及格就好，完全不知會計對我有什麼意義。自己開公司經商後，面對國稅局要課稅；面對股東要分股利紅利；面對廠商要用過去績效來協商買賣條件，還有面對自己想知道自己到底有多少本事能經營一家公司的時候，才知道這些報表代表的意義在哪裡，也就不再逃避，好好的研究了。

如果以前有人先告訴我這些目的，再告訴我如何做，或許我會快樂地上會計課，認真地交作業，就不會在經營公司之初，因不諳會計法則而遭補稅罰款。因此，我先從記載最重要的財務資訊——個人／家庭淨資產來談起，讓大家能夠先知道目前自己的資產有多少，再來談資

產配置的不同結果，以便做正確的投資與置產選擇。然後再談收入與支出，如何開源節流、增加資產、管理風險，最後是動手做屬於自己的財務報表。

❖製作資產負債表的目的

前面我們談到最重要的是知道自己的總資產有多少？增加了多少？想要知道這些資訊，就需要從做資產負債表開始。多久做一次報表呢？家庭財務不像企業財務那麼複雜，可以每月做一次，也可以一季、半年做一次，越簡單的事越容易持續地做下去，因為重點不在擁有這些報表，而是從這些連續性的報表中學習理財的方向，並完成自己的財務目標。

什麼是資產負債表呢？顧名思義，就是把我們所有的財產和欠債都匯總記在一張表上。財產（資產）寫在左邊，包括：現金、銀行存款、房地產、外幣、股票、基金、保險現金價值、黃金、珠寶鑽石、汽機車、古董字畫等等。欠債（負債）寫在右邊，包括：房屋貸款、汽機車貸款、學費貸款、信用貸款、私人借貸、死會等等。資產減去負債，就是資產淨值，資產淨值若是正數，表示我們擁有一些資產；資產淨值若是負數，表示我們擁有一些負債。將每一年的資產淨值拿來做個比較，就能知道自己的理財成績如何了。

定期製作資產負債表 財務狀況一目瞭然

資產淨值就是我們的財富水庫，簡稱財庫。收入像大河，流入我們的財庫；支出像支流，流出我們的財庫。收入多支出少，就像下雨多的季節，水庫裡水位會越來越高；收入少支出多，就像乾旱季，水庫裡水位越來越低甚至枯竭。

當我們的財庫水位越高，越有能力消費或是購置動產不動產等等，而財產淨值也會越高，生活也越安心與輕鬆。每一年的年底或是 5 月報完稅後，將當年度或上一年度資產負債表與去年的做一個比較，顯示這一年裡，我們多累積了哪些資產？還了多少貸款？資產成長率是多少？這個結果自己滿意不滿意？如果不滿意是為什麼？來年的投資或是消費是否有必要做調整？**定期檢討自己的財務狀況，是理財最重要的環節。**

圖 2-1 管好金錢流 財庫滿水位

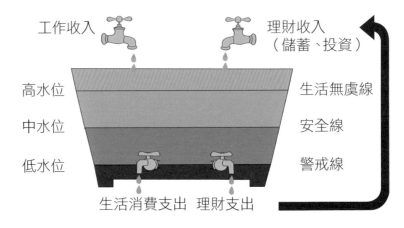

表 2-1 資產負債表

資產	負債
銀行存款 房地產 股票基金 車輛 保單現金價值 其他	房屋貸款 汽機車貸款 其他貸款
資產淨值	

首先讓我們把數字放進表中，先從資產開始，銀行存款，就是將所有的銀行存摺裡的數字加在一起（也可以記下每一個銀行的金額，一段時間後，可以知道哪個銀行錢進來和出去的情況）。房地產用市價計算，可以參考實價登錄，也就是你家附近的房屋賣出的價格。股票、基金、黃金是以當天收盤的價格計算。汽機車是以賣出二手車的價格計算。保單價值並不是指保費，而是保單的解約金，相當於所謂的當年度保單現金價值來計算。珠寶、古董字畫是以預估的市價來計價。負債部分，將房屋貸款、汽車貸款、信用貸款、其他貸款等到目前為止的貸款餘額一一記入。

實例一 **王大偉的資產配置：有房產**

主角背景：王大偉，工作 15 年，月薪 9 萬元，擁有銀行存款、股票、房地產、汽車及保單。

截至 103 年 12 月 31 日，王大偉有 3 本銀行存摺，總共 28 萬元，股票市值 32 萬元；一棟自住房地產約 40 坪，5 年前以 1200 萬元購得，當時賣出所有股票，加上銀行存款，湊足 300 萬元支付自備款，向銀行貸款 900 萬元，目前貸款餘額是 707 萬元，最近實價登錄附近房屋出售價格每坪 60 萬元，4 年前買了一台 99 年份 Toyota 轎車，花了 65 萬元，同年份二手車價約 40 萬元，每年保費 10 萬元，已經投保 5 年，保額 900 萬元，保單現金價值 30 萬元，沒有其他資產或貸款。

讓我們來看看，王大偉的資產淨值在 5 年前與現在，有什麼不同呢？

表 2-2 王大偉 98 年資產負債表 (98/12/31)　　　　　　單位：萬元

資產		負債	
銀行存款	0	房屋貸款	900
房地產	1,200	汽機車貸款	0
股票基金	0	其他貸款	0
車輛	0		
保單現金價值	0		
其他			
資產淨值			
300			

表 2-3 王大偉 103 年資產負債表 (103/12/31)　　　　　　單位：萬元

資產		負債	
銀行存款	28	房屋貸款	707
房地產	2,400	汽機車貸款	0
股票基金	32	其他貸款	0
車輛	40		
保單現金價值	30		
其他			
資產淨值			
1,823			

圖 2-2

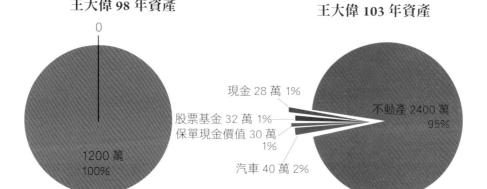

圖 2-3

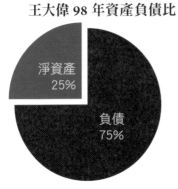

王大偉 98 年資產負債比

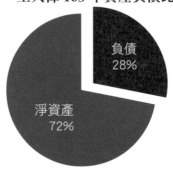

王大偉 103 年資產負債比

圖 2-4

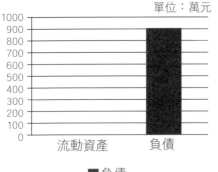

王大偉 98 年償債力

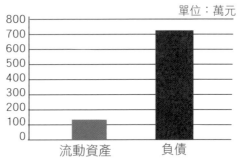

王大偉 103 年償債力

圖 2-5 民國 98 年到 103 年王大偉資產負債之消長

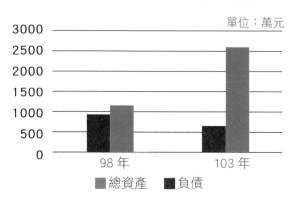

這五年來王大偉到底存下了多少錢呢？

> 銀行存款 28 ＋股票基金 32 ＋車輛 65 ＋保單 50 ＋還貸款 193 ＝ 368 萬
>
> （已還貸款 193 萬＝原貸款 900 萬－目前貸款餘額 707 萬）
>
> 但是王大偉的總資產淨值增加了：1,823 萬－ 300 萬＝ 1,523 萬
>
> 5 年增值了 507%，平均年增值率 43.5%
>
> 王大偉最大資產是房地產，其增值率是 (2,400 － 1,200)÷1,200 ＝ 100%
>
> 王大偉 5 年前的負債比是：900 / 1,200 ＝ 75%
>
> 王大偉現在的負債比是：707 / 2,530 ＝ 28%
>
> 王大偉 5 年前的流動資產 / 負債比（償債力）是：0 / 900 ＝ 0
>
> 王大偉現在的流動資產 / 負債比（償債力）是：130 / 707 ＝ 18.4%

不論是 5 年前或是 103 年，王大偉的流動資產 / 負債比（償債力）都很低，若是有事造成收入減少，對王大偉來說是很大的風險，若無法償還貸款本息，最重要的資產將會受到影響。王大偉需要有個收入保障計畫，這在保險章節中再說明。

實例二 **李志明的資產配置：有股票**
主角背景：李志明，工作 15 年，月薪也是 9 萬元，
擁有銀行存款、股票、 汽車及保單。

李志明是王大偉的同學，5 年前跟王大偉一樣存下 300 萬，投資
股票 200 萬，花了 80 萬元購買國產車一輛，今年年中以 45 萬
元售出，換購了一輛 BMW 全新轎車，總價 230 萬元，目前市價
200 萬元。截至 103 年 12 月 31 日，李志明有兩本銀行存摺，總
共 58 萬元，目前股票市值 260 萬元，沒有房地產，每月租屋 3
萬元，每年保費 10 萬元，已經投保 5 年，保額 60 萬，保單現金
價值 46 萬元，沒有其他資產或貸款。

而李志明的資產淨值在 5 年前與現在，又有什麼不同呢？

表 2-4 李志明 98 年資產負債表 單位：萬元

資產		負債	
銀行存款	20	房屋貸款	0
房地產	0	汽機車貸款	0
股票基金	200	其他貸款	0
車輛	80		
保單現金價值	0		
其他			
資產淨值			
300			

表 2-5 李志明 103 年資產負債表（103/12/31）　　　單位：萬元

資產		負債	
銀行存款	58	房屋貸款	0
房地產	0	汽機車貸款	0
股票基金	260	其他貸款	0
車輛	200		
保單現金價值	46		
其他			
資產淨值			
564			

圖 2-6 李志明 98 年資產　　　**李志明 103 年資產**

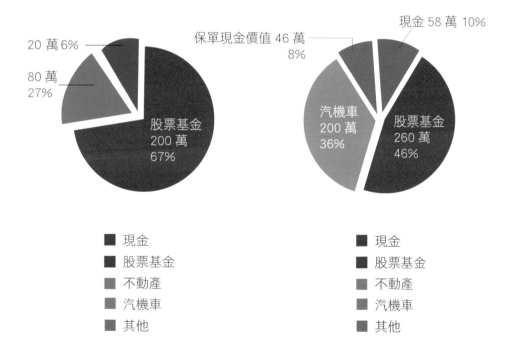

李志明的資產總值增加了：564 萬－300 萬＝264 萬

5 年增值了 88%，平均年增值率 13.5%

李志明最大一筆的資產是股票，它的增值率是 (260－200)÷200＝30%

李志明五年前的負債比是：0

李志明現在的負債比還是：0

李志明沒有償債的問題

圖 2-7 98 年到 103 年李志明的資產與負債消長

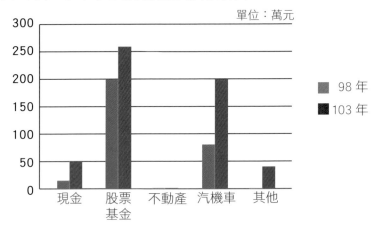

從這兩個例子來解釋資產負債表，是一個存量的概念，也就是說，某年某月某一天我的資產有哪些，負債有多少，資產淨值有多少；若干年後的某一天我的資產有哪些，負債剩多少，資產淨值又有多少。應該每個人都希望自己的資產淨值是不斷增加的，我們可以從資產負債表的變化來做一些分析與討論。

❖七堂讓你資產增加的理財規劃課

資產的增長累積只是目標，利用資產去達成個人或是家人夢想，追求自己想要的生活，或是完成心願，才是理財的目的。不同時期會有不同的夢想與心願，可以透過理財規劃逐一完成。

Lesson 1：資產的增值與折價

投資房地產，多半的人會跟銀行貸款，房地產的價值會隨著市場價格而增值或貶值，但是貸款金額只會隨著還款而減少，不會增加，也就是說，在房市上升的階段，跟銀行借錢買房子賺房子的增值，是很快增加財富的方法之一。

購買汽機車，只要領到汽機車牌照，它就開始折舊了，立即變賣也不會賣到原來的價格，除非買入收藏型古董車，車子是只會折價，不會增值的。投資股票或基金，是否會增值，視投資標的營運狀況及市場狀況等許多因素決定，不保證增值。

Lesson 2：資產配置學問大

其實資產沒有分好壞，不同的收入階段，能擁有的資產可能不同。剛出社會的年輕人，可能從銀行存款開始，然後買一些基金或股票，等到收入增加時，再考慮其他的資產，如不動產。

專家建議，最好的資產配置是多元配置。在市場變動時，許多的資產價格變動是反向的，比如說：股票上升時，在一般的情況下，債券價格是下跌的；利率上升時，債券價格是下跌的；利率下跌時，房地產的價格可能是會上升的；股票、債券同時下跌時，可能資金轉入房地產，而造成房地產價格的上升，就像美國在 2000 年科技泡沫後房地產大漲，到 2008 年房地產泡沫又造成房價大跌。

沒有一個資產是萬利而無一弊的，也沒有一個資產是會一直上漲的，每一種投資理財工具，都有其不同特性，在不同的需求下發揮不同的作用，沒有哪個可以完全取代另一個。多元配置可以取房地產增值之長，保有現金定存變現之便；利用股票基金參與績優企業的獲利；移轉個人風險給保險公司以保全資產與償債信用，因此最好的資產配置是通通有，才能讓總體資產穩健的成長。

圖 2-8 資產配置

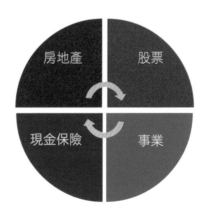

Lesson 3：買房子？買股票？你選哪一個？

王大偉 5 年前的財務決定是購置房地產，李志明則是投資股票市場，假如過去的 5 年，房地產市場不景氣，王大偉的房地產可能就不是增值而是套牢，不但他的總資產淨值會大不同，這段期間，王大偉所承受的房貸負擔與心理所承受壓力，可能是沒有投資房地產的人，所無法體會的。

投資決策的結果 會因景氣而不同

投資決策在不同的景氣趨勢下，會讓我們的資產產生不同的變化，因此**理財不是做一次就行了，而是需要時時了解各種投資市場的前景趨勢，選擇未來會增值的標的，避開走入空頭的標的。過去的經驗，不代表未來的趨勢。**房地產在資金寬鬆、利率低的時候，增值通常很快，像 2008 年之後，世界各地的房地產皆大大的增值，但是當面臨利息將調升，房地產的價格就很難再不斷地升高了。另外，政府政策也是一個很大的影響因素。房地產的低持有稅及低交易稅，會鼓勵人們購買房地產，但是當持有稅或交易稅提高時（Chapter4 會詳細說明），會影響人們投資房地產的意願，自然會影響到房地產的價格與增幅。還有，購買房地產可分為自住型與投資型，是不同的思維。自住型考慮的是居住便利性、生活機能、到工作地的交通等因素；投資型還要考慮未來增值性、市場承接性與出租報酬率等因素，過去幾乎怎麼買都會賺錢的房地產，未來不一定會和以前一樣。

不同於房地產的投資，股票／基金等證券投資的金額可以比較小，變現會比較快，持有稅和交易稅都比較低，但是難度比較大。投資股票之前，應該有一個正確的認知，買股票就像是您願意把錢交給一個人去做生意，若他賺錢，由他決定分您多少紅利，若他賠錢，您願跟他一起承擔，最壞的情況是賠光了您所有投入的錢。意思是說，賺賠是沒有保證的。若想在股票市場賺到錢，投資人必須下功夫仔細研究，先訂定好投資策略，謹慎選擇投資標的，再有紀律的執行投資計畫，也是可以達成自己的財務目標的。 有關股票基金投資部分，後面再討論。

Lesson 4：買車需考慮的事

一個很重要的財務概念跟大家分享：使用型的汽機車是消耗品，一買來就開始折舊，通常 3 ～ 5 年，僅剩下一半的價值。從財務水位的角度來看，其價值是每天一點一點流失的。像李志明的例子，他先花了80 萬，買第一輛車，5 年後以 45 萬元賣出（已折舊 35 萬），換了另一輛 230 萬的車，補了 185 萬，在年底時，這輛新車又已經折舊了 30萬，剩下 200 萬的價值，這 5 年來，李先生車的折舊金額總共是 65 萬。

$$（80 - 45）萬 + (230 - 200) 萬 = 35 + 30 = 65 萬$$

當然愛車所帶給他的享受的價值是不同的，這是在做財務決策時，所需要思考為了生活品質與感官滿足必須付出的代價。買車不是不好，只是從財務的角度來思考，個人建議我們買車時，可以參考流動資產

的增值與車的折舊間的關聯，再決定購買哪種價位與型式的車，以下分享一下我是怎麼決定買／換車的預算的：

假設我的現金、股票、基金等等的流動資產，在過去幾年平均每年增加 20 萬元，若我所買的車每年的折舊金額也在 20 萬以下，我的總資產是不會減少的，所以如果我們以 5 年折舊一半的情況來計算，20 × 5 × 2 = 200，我買車最大的預算是 200 萬，因為 5 年折舊一半 100 萬，每年折 20 萬，可以用我的資產增值 20 × 5 = 100 萬來彌補，我的資產總值就不會減少。當我擁有越多的資產，當我的理財能力越好時，我能夠犒賞自己的車就越好。這純粹是我個人的理論，謹守資產只增值，不要減少的目標，供您參考。

我的朋友謝金生，很喜歡汽車，過去的 20 年裡，他陸續換了 6 輛進口高級車，至今仍然租房子住，存款也不多，眼看房價越來越高，購買自用住宅對他來說，似乎越來越遙遠。另一位朋友陳昕多年之前聽我說過這個購車策略，雖然也換車多輛，直到他的資產累積上億時，才開始購買雙 B 進口車。謝、陳兩人的資產淨值相差越來越大。

Lesson 5：除了會賺錢還要能還債

我個人在選擇某支股票之前，除了在乎其賺錢能力之外，還十分在意這家公司的償債能力，包括負債比和流動比，因為不賺錢的公司慢慢

倒，還不出錢的公司立刻倒。

負債比 = 總負債／總資產
這個數字要越小越好（代表欠錢少）
流動比 = 流動資產／流動負債
這個數字要越大越好（表示隨時有錢還債）

如果這家公司的資產負債表中，流動資產大於流動負債，總負債比小，表示這家公司隨時可將應付款還清，不會有跳票的問題影響公司營運，我才會將這公司列入考慮。

家庭理財也是一樣的道理，儘量將負債維持在較低的比例下，才是安全的，如果流動資產不足，就需要另作安排，保證能夠償還債務。

以王大偉 5 年前的財務狀況為例，總資產是 1,200 萬，負債 900 萬，資產淨值是 300 萬，在這個當下他的負債比： 900 / 1,200 = 75%，流動資產是 0。

這個階段對他來說，最重要的是他的賺錢能力。王大偉不能沒有收入，不然他的房屋貸款會繳不出來；萬一遭遇不可抗力的不幸事故，無法償付貸款，銀行會拿走他的這間房屋，一切就化為烏有了。那麼

他可以做些什麼安排，來保證他的償債能力呢？

如果能善用保險這個理財商品，約定在王大偉失去工作能力或身故時，由保險公司代為償還所有貸款餘額，王大偉就沒有後顧之憂了。以王大偉的情況，他的身故保險金至少要 900 萬以上，每月失能保險金至少要足以支付房屋貸款本息及生活費醫療費。在我們健康的時候，買保險支付保費，現金減少，出現在資產負債表中的只有保單解約金，也就是去保險公司可以領到現金的金額，一旦出險，資產負債表的變化是：

表 2-6 王大偉 99/1/31 資產負債表（假設王大偉 30 天後身故）有保險

單位：萬元

資產		負債	
銀行存款	0	房屋貸款	900
房地產	1,200	汽機車貸款	0
股票基金	0	其他貸款	0
車輛	0		
保險金	900		
資產淨值			
1,200			

用 900 萬保險金來償還房屋貸款 900 萬，房屋完全是自己的，家人有地方住，而且以後不用再繳貸款了。

表 2-7 王大偉 99/1/31 資產負債表（假設王大偉 30 天後身故）
無保險   單位：萬元

資產		負債	
銀行存款	0	房屋貸款	900
房地產	？	汽機車貸款	0
股票基金	0	其他貸款	0
車輛	0		
保險金	0		
資產淨值			
？			

當我們向銀行貸款 900 萬時，銀行設定的抵押權是 1.2 倍，也就是：

900 × 1.2 ＝ 1080 萬。若房屋以市價九成價格拍賣，原屋主一點錢也

拿不回來了。家人必須交出房屋，另謀住處。

表 2-8 王大偉 103/12/31 資產負債表（假設王大偉 5 年後的這一天身故）
有保險   單位：萬元

資產		負債	
銀行存款	28	房屋貸款	707
房地產	2,400	汽機車貸款	0
股票基金	32	其他貸款	0
車輛	40		
保險金	900		
資產淨值			
2,693			

用 900 萬保險金來償還房屋貸款 707 萬，還剩下 193 萬現金，房屋也完全是自己的，家人有地方住，以後也不用再繳貸款了。

表 2-9 王大偉 103/12/31 資產負債表（假設王大偉 5 年後的這一天身故）無保險

單位：萬元

資產		負債	
銀行存款	28	房屋貸款	0
房地產	A	汽機車貸款	0
股票基金	32	其他貸款	0
車輛	40		
保險金	0		
資產淨值			
100			

流動資產不足以償還貸款，房屋被銀行拿走拍賣，剩餘價值 A 未知。

$$A = 房屋拍賣價 - 1,080 萬（銀行設定債權）$$

畢竟事故身亡的機率比受傷的機率小，假設王大偉在這個事故中受重傷，短時間不能工作，生活費及房屋貸款仍然需要支付，又該怎麼辦呢？這時，如果保對保險，不但醫療費用由保險公司買單，還能領到不能工作期間的工資補償，可用來支付房屋貸款，此時王大偉的資產負債表不會改變，但是收入支出表中的薪資會減少或沒有，多出一筆保險金收入。

圖 2-9 理財三角形（無保險）

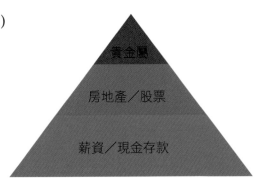

小時候玩過堆積木吧！當最下面左邊的積木被先抽走時，除非立刻補上一個積木，否則上面的積木就不安全了。

想想看，如果重大事故發生，讓我們沒辦法去工作，那薪資就沒有了，開始用現金，如果現金用完了，銀行存款用完了，是不是就需要賣出股票、基金、貴金屬、汽機車，甚至房地產等資產來應付財務需要？

財富的累積就像建立金字塔一樣，建立起來是辛辛苦苦的，被摧毀卻是很容易。

圖 2-10 理財三角形（有保險，出險時）

如果有保險，在我們喪失工作能力，沒有薪資收入時，保險給付負責幫我們償還貸款，或是提供失能保險金，支付房貸本金、利息及生活費、醫療費，無需變賣其他的資產，甚至不須動用現金與銀行存款，淨資產不會減少，甚至可能增加，這就是所謂的資產保護計畫。任何一個人、一個家庭，在理財的一開始，最需要做的就是風險管理，盡可能做好所有危害財務的防範，如果財力有限，先從最嚴重、損失最大，自己無法承受的事件開始（比如身故、殘廢、失去工作能力、重病等），在財力允許時慢慢補足其他的需要（比如住院醫療費、手術補助等等）。

值得注意的是，一般壽險、健康險、防癌保險，都不會支付不能工作的工資補償，選對險種很重要；即使是對的險種，選擇足夠的保額也很重要。如果每月需要支付 60,000 元各項費用，但是工資補償只能領到 20,000 元，也是不夠的，若是不足以支付房貸利息，不動產還是有可能被銀行拿走的，規劃之前應該仔細計算，未雨綢繆。

Lesson 6：什麼是良性負債？什麼是非良性負債？

許多學派將房貸、學貸，歸類為良性負債，只有信用卡債算入非良性負債，針對這一點，我有些不同的看法。我認為，**唯有當我們的自住型房地產除外的資產，大於負債時，才能算是良性負債。**換句話說，

只要是自住型房地產之外的資產，包括流動資產、股票基金定存等，加上投資性房地產與其他資產，在出售變現後立即可以償還貸款，才能算是良性負債。為什麼自住型房地產除外呢？因為一個好的規劃，無論任何事發生，都不能影響我們居住的權利，擁有良性負債是因為貸款利率低於我的資金報酬率或是稅務上的安排，**負債是可以隨時清償的，才能稱得上是良性負債。**

圖 2-11 資產負債比

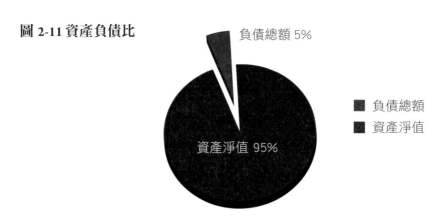

良性負債是利用財務槓桿來幫我們增加財富，意思是說，我們用利率低的借來的錢，去賺取較高報酬。舉個例子來說，如果我有 300 萬的股票投資，年配股配息率是 5%，我就不用將這 300 萬元拿去償還年利率是 2% 的房屋貸款，等於是我利用銀行這 300 萬來賺取 3% 的利潤。許多有錢人都擅長於舉債賺錢之道，就是這個道理。良性負債通常在總資產中所占的比例不會是很高的。倘若我們的負債是非良性負債怎麼辦？

方玲是個美麗的年輕人，求學階段就有學生貸款，開始工作後，消費時常使用信用卡，每個月她都只償還最低額，貸款越來累積的越多，看到別的同事紛紛買基金投資，她也跟著投資，但是一直沒賺到錢。我在了解她的財務狀況後，跟她討論的不是怎麼投資，而是如何減少她的負債，**不要舉債來投資，是投資理財的第一課。**

當我們健康安好時，努力工作賺錢，不能輕易辭掉工作，儘可能努力還款， 同時要為突發事故做好預備。**真的不幸遇到人生最大的風險——身故和失能，就讓保險來發揮功用。** 保險是理財工具中，唯一可以彌補房屋所有人的身故或失能所帶來的財務損失的工具，其他的投資理財工具，都無法保證在購買房屋後的任何一天，萬一不幸發生，能在 3 天內立即提供現金來償還貸款。

歐美銀行在借出房屋貸款給屋主後，會要求屋主購買一份房屋貸款保險， 以保全銀行的貸款，萬一屋主不測，保險受益人是銀行，銀行拿到保險金後，就塗銷房屋的抵押權，家人擁有房屋的產權。乍聽之下，屋主走了，保險金是銀行受益，好像很奇怪，不應該；但是請您深入的思考一下，這個規定其實是很人道的。如前面所說，若家人無力償還剩餘的房貸，就必須搬出去，讓銀行將房屋拍賣來清償債權，家人居住成了問題，銀行處理房屋也十分麻煩。強迫屋主於生前買個保障，萬一身故，保險金代為償還銀行貸款餘額，家人不但不用搬家，

從此之後還不用再支付房貸本息，而銀行也立刻收回現金，不需經過冗長的法律程序，這不是對銀行、對屋主和屋主的家庭都有利的好策略嗎？

反觀國內銀行，貸款時只要求屋主購買火險，受益人為銀行，保額是房屋公告起造價值（不是重置的市價），因為土地燒不壞，不計入保額。假設一場大火，把房屋燒得全毀，銀行拿到保險金，會幫屋主把房子重建嗎？還是會將燒黑的土地拍賣了來清償貸款？假設賣得的價格比 1.2 倍的貸款額還低，屋主是不是沒了房地，還倒欠銀行一些錢呢？

中國人傾向於不去想，也不討論這些不幸或是不願意見到的事，等事到臨頭再來面對，與歐美人士凡事先考慮風險並做好準備，相差甚遠。作為一個聰明睿智的理財投資人，請多多思考萬全的整體規劃。

想想看，當一個人遭遇重大事故時，會有人立刻把他往後 10 年的收入，一次送到他的家裡，會不會讓他工作生活得更安心呢？有人買保險是在健康時為患病時作準備；有人買保險是年輕時為退休後作準備，**不同性別年齡、家庭狀況、經濟狀況、健康狀況，會有不同的保險需求，而保險是我們財務安全最重要的基礎**。建議依個人家庭狀況與財務預算，慎重規劃與選擇保險商品，唯有將財務建立在穩固的基石上，才能漸漸累積我們的財富堡壘，不怕有任何風險，拿走我們畢生的努力。

Lesson 7：如何讓自己越賺越多？

當我們選擇把財富水庫中的資產存放在不同的投資工具中，會產生不同的報酬，假設下表是我們擁有的資產的年報酬率，讓我們用本益比的角度來看一看我們的資產配置：

本金 / 報酬率 ＝ 本益比

1 / 1.4% ＝ 71.72

1 / 2% ＝ 50

1 / 5% ＝ 20

依此類推⋯⋯

有投資股票的朋友，想想看，本益比多少的公司股票，您會願意投資？您又願意為這個報酬，承受多少的風險呢？在巴菲特的價值投資法中，強調挑選三低兩高的股票，也就是：低本益比（PE）、低淨值比（PB）、低負債比「三低」，及高現金流量、高殖利率股「二高」股。

表 2-10 家庭資產配置報酬率及本益比

投資工具	報酬率	本益比	風險
銀行定存	1.4%	71.42	無風險
儲蓄險	2%	50	低
房租	1.2%	83.33	中
某股票	7%	14.29	高
某公司債券	4%	25	中高
某高收益債券	6.2%	16.13	高
政府債券	1%	100	低
商業年金	1.4%	71.42	低

以下是主要國家的家庭金融資產的配置：

圖 2-12 各國家庭金融資產類別分布

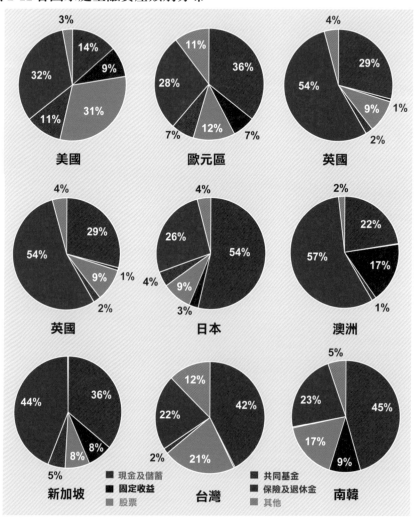

資料來源：經濟合作與發展組織，香港證券及期貨事務監察委員會，新加坡統計局，台灣中央銀行，CEIC，高盛全球投資研究，摩根資產管理「Guide to the Markets – Asia，2015年第二季」。

所有的理財工具中，最重要的是自己的賺錢能力及儲蓄率，也就是說，自己本身才是最關鍵的投資標的。 我們賺到的錢，扣除花用後的，才拿去投資股票、基金、房地產等等，如果我們的收入成長率越高（高殖利率），可以存下來的錢越多（高現金流），當然可以投資賺取的也會越多，因此，投資自己的腦袋，才是最重要的關鍵。

前面的例子中，王大偉 5 年的資產，成長 507%，平均年成長率 43.5%。王大偉的資產拜房地產快速增值之賜，成長了一倍，但是房地產的增值不會一直如此，也會有停滯或是下跌的時候，如果我們因為自己的房地產增值許多而疏於理財，增加消費，是很危險的，尤其如果這個房地產是僅有的自用住宅，帳面上我們的資產增加許多，但是沒有賣出之前，這些增值是用不到的，因此我們應該著眼於自己工作能力的提升，與管理財富能力的提升。

本節重點：

1. 總資產增值是理財最重要的目標，檢討財務報表，可以提升財富水位。
2. 從個人／家庭財務報表了解資產的消長，以選擇正確的資產配置。
3. 汽機車的折舊會減損資產，保險是財務的安全基石。
4. 善加利用財務槓桿（負債）來增加資產，同時要做好償債保產計畫。
5. 致力於增加自身工作能力的競爭力是最重要的理財。

Sec.2 損益表：你到底賺了多少？花了多少？

企業有四大財務報表包括資產負債表、損益表、現金流量表、股東權益書，運用到個人／家庭，可以簡化為兩大財報就足夠了，因為家庭現金收入種類比較單純，多半來自工作收入，股東就是家人，因此可以不製作現金流量表及股東權益書。

❖損益表告訴我們的三件事

我們再來談談損益表，對於個人或家庭來說也就是收入支出表。大部分有記帳的人做的就是這個部分。有人告訴我，他記過一陣子的帳，但是不知道能有什麼用，就不記了，這就是為什麼我先從資產負債表談起的原因。當我們從資產淨值的增長得到激勵與啟示時，比較會有動力持續的理財，而記帳只是理財的一個必要小步驟，**記帳不等於理財，理財卻需要靠記帳。**

個人／家庭的收入可分為兩大類：工資收入與非工資收入。工資收入的種類包括：薪資、退休金、勞保年金、績效獎金、年終獎金、分紅、執行業務所得、營利所得、稿費等等，就是靠自己工作得到的收入。非工資收入的種類包括：利息收入、股利股息、國民年金、商業年金、房租、權利金、中獎所得、財產交易所得、社會福利等等，就是靠理財或其他得到的收入。

收入	支出
薪資	生活費
利息	交通通訊
獎金	教育費
其他	其他
結餘	透支

收入越多越好 支出越少越好

每月收到的薪資、銀行利息、投資收益、退休金、紅利、獎金、父母或子女給的錢，**所有收進來的錢就是收入。這部分當然應該越多越好。**

所有花出去的錢，包括食、衣、住、行、育、樂、各種稅捐（如房屋稅、地價稅、綜合所得稅）、水電費、貸款利息、汽車燃料費、罰單等，**只要是花了就沒了，都叫做支出。這部分理論上應該越少越好。**

其中有幾個例外，比如自己提撥的6%退休準備金、非消耗型保單保險費、押金、存出保證金等，將來可以回收的錢，不在支出的項目內。理財性支出，比如投資基金、買股票、定存、買房屋的訂金，也不屬於支出，屬於資產。

圖 2-13 支出比重

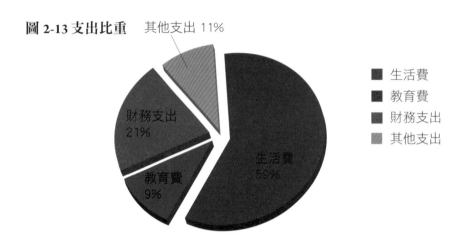

其他支出 11%

財務支出
21%

生活費
59%

教育費
9%

■ 生活費
■ 教育費
■ 財務支出
▨ 其他支出

收入大於支出，就是有結餘；支出大於收入，就是有透支。

記帳或是製作損益表的目的是了解自己的收入與支出，支出部分是否有浪費的，是否每一塊錢都花在最有效率的地方？若是不能節流，有沒有開源的機會？

我賺的錢叫工資收入，我的資產為我賺的錢叫非工資收入。我的資產是否有跟我一樣的努力工作賺錢？我能存下的錢，加上我的資產幫我賺來的錢，一併轉入資產負債表中，不論是存在銀行，還是購買股票、基金、不動產。

了解個人或家庭財務報表中的損益表最重要的重點有 3 個：

重點 1 計畫經濟：多賺不表示能多花，少賺一定要少花

事先計畫支出，做好預算，也就是量入為出，只能有結餘，不能有透支，若不能每個月的收入都大於支出，至少年收入大於年支出。

當某個月收入大增，多於支出很多的時候，下月仍然要維持原來的計畫支出，不應該因為上月有多出來的錢而增加本月的支出。若某個月收入銳減，支出大於收入，在往後的幾個月內，應盡量調降支出，以補足差額，意思就是說，多賺錢不表示可以多花錢，少賺錢卻必須少花錢，這樣才會有多出來的錢去投資或儲蓄，資產才會漸漸增加。

做為一個獨立的成年人，沒有透支是最基本的條件，也是對自己和家人負責任的開始。

正確理財觀念 應從小培養

最好的計畫經濟養成，開始於孩童時期，父母親可以從給子女的零用金開始，教育子女如何量入為出與支配所得。倘若父母親對子女的財務需求自小就是有求必應，將來子女長大就比較難有紀律的理財，當然為人父母的應該以身作則，才能教育子女如何正確使用錢財。

有些父母因為孩子在外地就學，父母覺得沒有時常在他身邊照顧他，因此會在金錢上補償孩子，對於孩子的支出超出預算常常也是無法堅持，漸漸地養成孩子奢侈的習慣，長大就很難約束他了。

小龍自小受到父母的寵愛，在金錢上也是無限供應，長大後，只要工作不開心就辭職不做了，接近中年卻一事無成，至今仍然仰賴父母經濟資助，他的父母非常後悔把他寵壞了，擔心老本被他花完，卻也一籌莫展。這樣的故事，在我們的身邊有不少。有句話說：「慈母多敗兒」，相信這樣的結果，不會是任何一個人規劃財務的目標。

有一天，有個朋友問我幾歲開始做預算，我請她猜了好多次，都沒猜中，答案是：18 歲，大學一年級。我 18 歲獨自來臺北讀大學，上學期的學費是借來的，從下學期開始，小小年紀的我就逐週地計畫著用極少打工的收入，分配到每一天可以花的錢，還要預留下學期的學費，及拿回家幫助家用的錢。

我記得大學時期，每天在校園附近的自助餐用餐時，心算和記憶力都要很好，因為我一餐的預算只有 11 塊錢，結帳時若超出預算又不能跟老闆說，哪個菜不要了，常常到了月底，只能吃白吐司塗辣椒醬配白開水。這樣的日子還不能讓父母家人知道，因為爸爸在我 10 歲就中風退休了，

母親體弱，妹妹又小，家裡生活已經很辛苦了，若他們知道，除了難過傷心，又能做什麼？現在回頭想想那段日子，心中還是很感恩的。感恩生活的磨練，讓我很快學會獨立，學會理財；感恩有苦難的家人，讓我為了想改善家人的生活而充滿鬥志。苦難的小孩沒有悲觀偷懶的權利。

重點 2　財務目標與優先順序：先還債還是先享樂？
除了生活基本支出之外，可支配支出應考量個人的財務目標順序。舉例來說，若出國留學是首要目標，提升自我外語能力就是優先要達成的，在計畫可支配支出時，英文補習費就應該優先於出國旅遊；若償還貸款是首要財務目標，手機升級就應該儘量延後一些；如果讓子女接受高等教育是家庭的共同目標，逐月提撥準備金不作他用，就是必須持續做的。

圖 2-14 收入來源

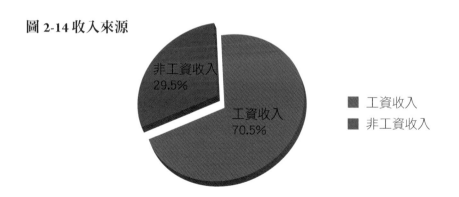

重點 3 致力於增加非工資收入：不工作也要有錢花

衡量一個人是否能夠退休的重要依據，是非工資收入，而不是資產總額。原因很簡單，人們對於應該有多少錢才能夠退休這件事情的觀念是模糊的，有人說要有 3,000 萬元，有人說要有 5,000 萬元，甚至有人說至少要有上億元才夠。

從精算的角度來看，退休的人年齡不同，平均餘命不同，平常的支出狀況不同，所計算出的退休準備金額都不一樣。同樣月支出 2 萬元，對於 70 歲老人，準備 1,000 萬可能是足夠的，但是對於 50 歲就退休的人，1,000 萬可能是不夠的。

最簡單的衡量方法是，先算出退休後的生活必需費用，再計算加總非工資收入，**只要非工資收入大於工資收入，或至少大於生活必需費用，退休準備即可謂足夠。何時退休，不是年齡決定的，而是視財務情況來決定。**

退休後確定一定會領到的錢，包括軍公教勞保退休金、國民年金、勞退新制退休年金、商業年金、企業年金、終身還本型保險給付、定存利息所得、其他固定收益與債券收益等等，能夠確定提供年復一年穩定的收入，也就是所謂的非工資收入。

不以存夠多少資金來衡量退休金的另一個原因，是因為往往一大筆的錢在帳戶中，往後漫長的歲月，總會有突如其來或無可避免的意外支出，比如說自己或配偶的重大傷病、突發災害或親友事故、子孫有急需等等，可能一瞬間侵蝕了退休準備金，勢必影響退休後的生活。

哪些支出是必要的？哪些支出是可以縮減的或延後的？這部分的檢討就需要靠平日記的帳來幫忙了。

實例一 **錢總不夠花，夫妻傷感情**
主角背景：中小企業主管的太太，家庭主婦，女兒念私立雙語幼稚園，學費很貴。

小慧是個年輕時髦的媽媽，因為總覺得先生給的錢不夠用而常常跟先生要錢，夫妻間為了錢用到哪去了時有爭執，兩人都很煩惱不知道怎麼辦。他們有一個念雙語幼稚園的女兒，除了學費不便宜外，沒有太大的開銷，我詳細地了解了一下他們的收支情況，發現不是每個月錢都不夠用，有些開支也不是每個月都有的，經過推算，我建議小慧把一些一次性的支出放在孩子放寒暑假的月份，原本應付的學費預算足以支付這些一次性的開銷，比如添購新衣新鞋、化妝品、全家旅遊、購買電影套票、購買餐飲套票等等，結果這樣一個小小的調整，每月支出不再透支，降低了她與丈夫的緊張氣氛。

實例二　花錢不手軟，富二代的資產危機

主角背景：繼承祖產的富二代，靠收房租過日子，投資股票，績效不彰，對生活水平要求高，喜愛旅遊與美食。

黃大仁是有錢的富二代，多年前擁有數間不動產，身價上億，生活當然沒有壓力，年紀輕輕就退休不工作了。他的退休生活多彩多姿，永遠享受美食，每年出國旅遊數次，購買名牌不手軟，出入開名車，聽朋友建議投資股票，但是總是紙上富貴，實際虧損，資產逐漸減少，資金不足時就出售一棟房地產，到現在，黃大仁只剩自住的房屋一棟，收租的房屋去年也出售了，但是以平均餘命來算，他還有3、40年以上的日子要過，沒有固定收入，又沒有了可以變現的資產，恐怕已經無法用以前的方式生活了，萬一突然有些病痛，他的財務就可能出現危機。

記帳其實是件很無趣的事，也很容易有挫折感，尤其是當收入一直都不增加，支出卻一直減不了的時候。但是，每個月從月收支表來檢討自己的消費習慣，漸漸的會養成一些好的理財觀念。比方說：交通費用偏高，以後儘量早點出門坐捷運，減少搭計程車；停車費用偏高，就辦幾張可以提供免費停車的信用卡；餐飲費用偏高，就多買菜回家自己煮，減少外食；旅遊費用偏高，可以改變出遊的頻率或地點，少買些紀念品；年

繳保費較優惠，但是繳費的月份就很吃緊，不妨辦一張可以提供免利息分期繳保費的信用卡等等。

❖記帳的目的在找出每月收支結餘

若是只記帳，不檢討收支內容，那記帳有什麼意義呢？若是訂有財務目標，但是不著手記帳找錢，那訂目標又有什麼意義呢？記帳最大的目的，我認為在於找出每月可結餘的金額，並且想辦法讓結餘逐月累積，投入理財性支出，以增加財富，幫助我們完成一個接著一個的財務目標。

收入越高當然越好，但是如果支出也很高，每月沒有結餘，不是白忙一場嗎？凱祥畢業後在美國工作，月薪約折合臺幣 9 萬元，比台灣的社會新鮮人高很多，但是要付房租約臺幣 3.6 萬元，所得稅、保費等約 3 萬元，剩下的錢要支付汽車、伙食費等等，根本沒辦法存下錢來。後來這孩子回了臺灣，找到一份月薪 4 萬元的工作，生活開銷、稅金都扣除後，一個月還能存下 10,000 ～ 15,000 元。

我很喜歡用「窮爸爸富爸爸」的財富遊戲，讓年輕人模擬理財與投資置產的情況，比賽看誰最先達到非工作收入大於生活所需，就能跑出老鼠圈，得到財富自由（老鼠為了生活不停的在圈圈裡打轉，像不像我們為生活每天忙進忙出的工作？）每位學員有個虛擬的職業與收入支出情況，

剛開始用抽籤決定學員遊戲的職業身分，後來讓學員自己選擇職業與收入，但是不管怎麼選，往往後來獲勝學員的虛擬收入都不是較高的如醫師、機長、工程師等，而是一般身分如幼稚園老師、消防員這樣的人。

遊戲裡有銀行會發薪水，學員需要逐筆記帳，包括收入、支出、投資、置產等等。遊戲中的「機會」，讓學員決定要不要投資股票，要不要購置房地產；遇到失業的時候，就不發薪水，但是家庭支出還是要支付；生個孩子，家庭支出就會增加。市場風雲會影響到每個有投資的人，比方說：某支股票大漲，學員可以決定賣不賣出股票或是加碼再買；房地產價格波動也會影響到有置產者的資產價格，當房價崩跌 50%，房地資產就要減記 50%；有各種罰單的損失，也有額外獎金收入的機會，跟我們實際的經濟活動有很多相似的地方，是個學習如何投資理財或學會檢討自己理財績效的好工具。

從遊戲中，我們歸納出一些結論：**賺得多，不表示能存得多。**存下的錢要善加投資，參與投資會有機會賺到資本利得，也可能遭遇資本虧損，逐步增加投資到能產生固定收益的工具上是最重要的。非工作收入大於生活費所需，就可以退休了。跟現實生活中，幾乎一模一樣。

在您投入市場投資之前，不妨玩幾次「窮爸爸富爸爸」的大富翁遊戲，先模擬一下買進賣出股票、房屋或黃金，從市場風雲（變化）來感受一下資產的增減，再決定您的投資策略。

Ch 3

理財，是為了圓夢

本章重點：

1. 為了完成夢想與心願，我們需要積極地管理財務。

2. 透過財務管理，年輕人也可以擁有不動產。

3. 想讓子女不輸在起跑點上，為他們準備教育金，是第一步要做的。

4. 退休不是以後的事，而是現在就需開始準備的。

5. 畢生的成就如何傳承給後代，需要事先周詳的規劃。

6. 信託規劃是不能不知的好工具。

前面提過，資產的增長累積只是理財目標，利用資產去達成個人或是家人的夢想，過自己想要的生活，或是完成心願，才是理財的目的。

舉幾個實際的財務規劃例子說明，如何經由規劃達成目的與心願：

❖年輕人的脫殼計畫

實例一　先買車位再買房子
主角背景：30 歲男性老師，月薪 70,000 元，未婚，與父母同住，近期打算與女友結婚，想要先買房子。

幾年前，很拚的年輕老師逸平，努力地存下了第一桶金，他一心想買房子，但是不知如何著手。經過討論與規劃，我建議他在家附近以 100 萬買了個車位，每月車位租金收入 3,000 元，一年 36,000 元的報酬率是 3.6%(稅前)，比當時的定存利率 1.2% 高出兩倍。

去年逸平以 350 萬售出車位，加上這幾年的儲蓄，成為購屋的自備款，年紀輕輕就達成第一個心願，擁有自己的房子。他的同學們雖然也有人擁有第一桶金，但不是住父母家就是租房子住，而大家資產淨值的差異就開始產生了。從買車位開始，換成買小房子，再換大點的房子，年輕人擁有不動產是可以做到的。

很久以前，美國有位老太太，看到公路上車速快，車禍頻傳，自願拿白色的油漆，在馬路中間畫一條線，讓來往的車輛不會再撞在一起，這白線從美國的東邊，橫跨到西岸，這就是馬路分隔線的來源。後來有記者訪問老太太，問她怎麼有那麼大的毅力，能夠跨越東西岸，老太太說：「我不知道跨越東西岸需要多大的毅力，我只知道，我每走一步，只需要抬起一隻腳。」

社會新鮮人 更需要學理財

萬丈高樓平地起，一塊錢變成兩塊錢，再變成四塊錢，只要開始，終會達成自己的目標。如果年輕的這一輩認為，房價太高不可能靠自己的能力買房子而不積極理財，怕就真的不可能了。若能開源節流努力理財，碰到房市幾年一次的低點，一定可以找到能力所及又喜歡的房子。

對於剛出社會的年輕人，太遙遠的目標容易讓人放棄，但是不表示就不需要理財了。有位名主持人說得好，**年輕人要從控制欲望開始，其實年輕人更需要學會做財務預算。**舉例來說，如果把收入（40,000 元）扣除必要生活費後（22,000 元）的結餘（18,000 元）分成 3 份，兩份（12,000 元）來做投資理財，剩下一份（6,000 元）做休閒娛樂之用。想買個名牌包（30,000 元），需要存 5 個月以上，再等上 4 個月才能換個新手機（23,000 元），以此類推，9 個月下來，可投資理財的金

額已累積到 108,000 元了。

利用股市波動投資 獲取高報酬率

定期定額買基金是個選項，買零股也可以。年輕女孩君如用買零股的
方法，在 3 年裡，每月花 10,000 元買某上市公司零股，目前已經擁有
15 張（15000 股）該公司股票，市價近 40 萬元，年配股息近 20,000 元。

另外提供一個更簡單的方法，不需要花時間研究每月買什麼股票或
是基金，每月將投資理財預算存在銀行帳戶中，與生活費帳戶分開
（不能動用），當全球股市連續大跌，電視上都是股市一片慘綠的消
息，融資股民要斷頭了等等情況出現時，留意股市落底的訊號，分次
買入大盤指數的 ETF，等待股市反彈，到自己設定的報酬率時，比如
15%、 20%，就一次或分次賣出，等待下一次的大波動再投入，平均
年報酬率 20% 不是問題。

舉例來說：2008 年 4 月，台灣 50 指數（0050）價位來到高點 63.9，
在 2008 年 8 月開始下跌：9/1 價位 44.6， 下跌 30%；10/1 價位
36.54，下跌 43%；11/1 價位 32.13， 下跌 49.7%，如果 9/1、10/1、
11/1 各買 1000 股，共付出 113,270（不含手續費）

$$(44.6 \times 1000) + (36.54 \times 1000) + (32.13 \times 1000) = 113,270$$

平均成本是：$113,270 \div 3000 = 37.76$

假設預設利潤為 15%，當價位回升到 43.42，可以先賣出 1000 股，第二預設利潤為 20%，當價位回升到 45.31，再賣出 1000 股；第三預設利潤為 30%，當價位回升到 49.09，再賣出 1000 股，總共收回 137,820，$(137,820 – 113,270) \div 113,270 = 21.67\%$，總報酬率為 21.67%。

股市平均每年會有兩次中型的波動，6 ～ 7 年會有一次超級大的波動（2008 金融海嘯、2001 恐怖分子 911 攻擊、1997 亞洲金融風暴、1994 全球股災……），當股市大幅波動時，往往會有超漲超跌的情況發生，只要平時多用功學習如何投資，是可以在這時候賺到錢的。每次的波動都是財富重分配的好機會，即使剛開始挫敗，也千萬不要放棄，一定要學會如何掌握股市的波動來致富，跟有興趣學習投資理財的人交朋友，一起學習，相互鼓勵，累積財富絕對不是夢。

在這個微利、不景氣的時代，不要把希望放在老闆、父母或是政府的身上，**自己學會用錢來賺錢，對於年輕人來說，是第一要務，也是唯一要務**。先存下第一桶金，不論是投入資本市場（股市或是基金），或是經營小本生意，或是從買車位開始置產，慢慢的就能累積屬於自己的財富。

❖雙薪家庭的換屋計畫

實例二 **幫孩子找個好學區**
主角背景：雙薪夫妻，有房有房貸，房貸每月支付
25,880 元，為了學區想換屋，目前存款約 80 萬，每
月結餘 40,000 元。

偉文夫妻為了孩子將來就學，想換個好學區的房子，但是又怕壓
力太大負擔不起，找我幫忙算算他們應該怎麼做。

我詢問了一些資訊得知他們現在居住的房子（28 坪）是 5 年前以
1000 萬買的，當時貸款 (30 年期)700 萬，5 年內沒有大額還款；他們
想買房子的區域平均房價每坪約 55 萬元，他們想買到 30 坪的房子；
每個月可支配的結餘約 40,000 元，目前銀行存款約 80 萬元。

首先我查了一下他們現住地點的房屋實價登錄資料，平均每坪成交價
格在 50 ～ 55 萬之間，若以 50 萬一坪計算，可售得 1,400 萬，再算出
舊屋 700 萬元的貸款經過 5 年的還款，貸款餘額還有 610 萬，預估扣
除售屋仲介費、規費、貸款餘額、土地增值稅即還貸款之後，售屋後
大約剩餘現金 650 萬元。

欲買入的房屋需要 1,650 萬，可貸款 1,155 萬，自備款需要 495 萬，貸款（30 年期）本息每月應付 42,691 元，比以前每月 25,880 元，多出 16,811 元。

新房子買來多多少少需要裝修一下，假設需要 120 萬的裝潢費，加上自備款 495 萬，還要多預留契稅，假設 5 萬元，總共需要現金 620 萬。假設售出現在的房子，剩餘現金 650 萬是足夠的，每月需要多支付的 16,811 元房貸，也可以從 40,000 元結餘來支付，這個換屋計畫應該是可行的。

接著是如何執行？若是先買新屋，可以住在現在的家，等交屋裝潢好再搬過去，當然是最好的，但是購屋需要自備款 495 萬、契稅 5 萬、裝潢費 120 萬，而存款只有 80 萬，怎麼辦？

若是先賣舊屋，自備款就不成問題，但是住是一個問題，是否要先租屋居住呢？萬一舊屋一直賣不掉怎麼辦？

經過與偉文夫妻討論，他們比較想要先買新屋，我建議他們向原來貸款銀行詢問能否增貸，將來購買新屋願意再合作貸款業務，結果銀行同意讓他們增貸 300 萬，不足額他們的長輩願意幫忙週轉一下，就這樣，這對夫妻終於買到了想要的房子，現在孩子們每天自己走路去上學。

❖子女的教育基金計畫

做教育金規劃，首先要知道子女現在的年齡，打算多久後使用多少的教育金，預估教育費成長率是多少，然後倒算出每月應存多少錢，及如何選擇投資標的來達成設定的目標。

實例三　**送孩子出國深造**
主角背景：雙薪高階主管夫妻，兩名子女 15 歲就成為小小留學生，長女拿到碩士學位後返國就業，幼子目前攻讀博士班。

勝宏從他的兩個孩子進幼稚園開始，就按月為他們每人提撥 20,000 元放在基金內，做為教育準備金，當他的兩個孩子 15 歲到美國求學時，孩子的教育準備金已經累積到每人 300 萬左右，用於支付學費。因為還要支付孩子們在海外求學的每月生活費，勝宏將他們家累積投資在股市基金的錢，制定了一個投資理財計畫，以保證孩子們的生活費無虞。

他以自己的風險承受度（保守型）來決定股票與債券的比例，經過計算，選擇了 85% 放在固定收益型基金，15% 放在美國股市。他先計算每個月需要賺到多少錢？再倒除以 6%，算出需要放在固定收益部分

的資金，再加上股票部分資金，就是他會存入的總金額：

每月需要賺到

2000 元 × 12 個月 ÷ 6% ＝ 400,000……固定收益部位

400,000 ÷ 85% ＝ 470,000……全部金額

470,000 － 400,000 ＝ 70,000……股票部位

預估股票的報酬率：－ 15% ～ ＋ 20%，因為股票部分相對占得比例較少，萬一股票組合跌 15%，整體資產跌幅是：15% × － 15% ＝ － 2.25%，影響不大。

他期望固定收益年報酬率要達到平均 6%，但是不希望承受太大的風險，因此挑選了 3 檔固定收益型基金，以分散單一標的的風險：

A 基金：投資等級 A 的，年配息率是 4.5%，Beta 0.85

B 基金：投資等級 BBB 的，年配息率是 5.8%，Beta 1.02

C 基金：投資等級 B 的，年配息率是 7%，Beta 1.17

※ 註：貝塔系數（Beta Coefficient）是一種評估證券系統性風險 的工具，用以度量一種證券或一個投資證券組合相對總體市場的波動性。貝塔系數是統計學上的概念，它所反映的是某一投資對象相對於大盤的表現情況。其絕對值越大，顯示其收益變化幅度相對於大盤的變化幅度越大；絕對值越小，顯示其變化幅度相對於大盤越小。

高報酬代表高風險，為了想要的報酬，您願意承受多少風險？再選擇可以接受的投資組合。勝宏當時經過計算各個標的間的相關係數與投資組合的風險，選擇的整體投資配置是：

　　固定收益基金總額：40 萬美金，年配息率 6.2%

　　A 基金 8 萬（20%），B 基金 10 萬（25%），C 基金 22 萬（55%），

　　股票總額：7 萬美金，年報酬率－ 15% ～＋ 20%

從下列算式可看出在股價波動下，他的年投資收益率會落在 3.02% ～ 8.27% 之間：

表 3-1 債券與股票的投資報酬率比較

	景氣差	景氣好
債券	85% × 6.2% ＝ 5.27%	85% × 6.2% ＝ 5.27%
股票	+15% × -15% ＝ -2.25%	+15% × 20% ＝ 3%
	＝ 3.02%	＝ 8.27%

也就是說，不論股市漲或跌，勝宏的總體投資報酬率維持在正的報酬。

你一定會問，怎麼可能股票的漲跌在－ 15% ～＋ 20% 之間？其實人不可能控制股票的漲跌幅，但是他可以決定在什麼時間買入或賣出股票，當股票標的下跌 15% 時，他就會停損賣出，而當股票標的上漲 20% 時，也會分批獲利了結賣出，因此除非有無法避免的市場風險，控制報酬率在這段區間，是可以做到的。

勝宏用這個資產配置方法管理資金，每月收到的固定收益，給孩子們做生活費，從兩個孩子到美國念高中開始，至今已 14 年，經過通貨膨脹後的生活費增加了一倍，固定收益配息率也有些變動，他也調整了一些投資標的與投資組合，預估孩子畢業時，這筆用於生活費的資金還能保持在原來的水位，僅花光了學費準備金。

各國的教育界是最不受景氣影響的行業，尤其美國，學費年年漲，漲幅 7 ～ 9%，許多孩子在國外念書的朋友，見面一聊到小孩子，共同的感受就是，學費及生活費好貴，紛紛抱怨著轉到銀行帳戶裡的錢，每月轉帳給孩子們花用，越用剩下得越少，深怕用不到孩子畢業。而勝宏說，很慶幸自己當時學到這個好觀念，並確實地執行了這個財務計畫，讓他感覺供應孩子們海外就學的負擔不是那麼的沉重！

多年下來，累積每月領到的固定收益總額已超過他的本金，等孩子們都畢業了，每月可以領到的配息收益就是他們夫妻的退休金了。

市場上銷售可以產生固定收益的商品有很多種，如定存（CD）、政府公債、地方政府債、公司債、可轉債、高收益債、不動產投資信託（REITs）、抵押擔保債券（CMO）等等，每個商品有不同的投資報酬率與風險，有的配息固定，有的不固定；有的保證本金不會變動，有的不保證保本；有的與股票市場走勢同向，有的是反向。有關這些解說與分析，不是三兩句話講得清楚，以後再說明吧。

❖離開職場的退休計畫

人生還有一個很大的麻煩事，就是長壽。當我們的壽命比收入長，老年時的生活費、醫療費就是最大的負擔，若是沒有在年輕的時候未雨綢繆，將來會讓自己、家人陷入莫大的恐懼。我曾經做過一個問卷調查，朋友的父母們退休生活無虞的，多半都是擁有終身俸的，有房屋租金的，或是有其他固定收益的。

壽命增長 年金型給付成主流

退休準備金來自於三層：第一層來自政府，第二層來自企業，第三層來自於自己的準備。政府也注意到國民長壽的風險，因此將大部分的退休金改制為領取年金，很快的，全部的第一層退休金都會是年金型給付；第二層來自企業的準備，也在政府的主導下變成年金型給付（勞基法舊制退休金改為 6% 勞退新制，未來也會是年金型給付），但要想退休生活無慮，最重要的還是第三層來自個人在退休前的準備，這就是我們需要致力於增加非工資收入的原因。

圖 3-1 退休準備金 3 來源

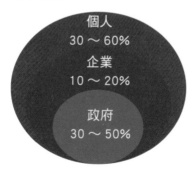

個人
30～60%

企業
10～20%

政府
30～50%

舉例：30 年工作經驗的人，勞保投保薪資 42,000 元，打算 65 歲退休：

勞保年金 ：42,000 × 30 × 1.55% ＝ 19,530

19,530 / 42,000 ＝ 46.5%⋯⋯所得替代率

企業年金：目前還未公布 6% 勞退新制年金化的給付率

假設將來每月可領 5,000 元

所得替代率 5,000 / 42,000 ＝ 12%

若想要退休後，擁有與工作時一樣的收入，應該自行儲備

42,000 － 19,530 － 5,000 ＝ 17,470

考慮通貨膨脹的因素，退休時的 42,000 元，比現在的 42,000 元小，因此要儲備得更多，才能維持現在的生活水平。

試試用上面說過的概念來規劃退休金，不失為一個好方法。

在退休前，先擬定存錢的目標，等到退休時，再將這筆錢變成固定收益，退休生活就不用愁了，怎麼做？

> ### 實例四　打算 60 歲退休的中年上班族
> 主角背景：現年 40 歲的淑君，想在 60 歲退休，退休
> 後希望每月有 5 萬元生活費。，
>
> 淑君目前每月可支配的結餘有 4 萬元，勞保年資是 18 年，投保
> 薪資 43,900 元，預估勞退新制退休後每月可領 5,000 元，預估
> 平均通膨率 3.5%。

表 3-1 退休準備金計算：

目標：60 歲每月 5 萬元（現值）

工作期	退休	享受期
現年 40 歲	60 歲	勞保年金
		勞退新制年金
儲蓄投資		自備資金

· 先計算退休可以領到的勞保與勞退新制年金，從每月目標 5 萬元中
　扣除。

· 再計算加入通貨膨脹率計算後的退休後生活費，及在終值報酬率 5%
　的假設下，所需準備的金額。

· 然後計算現在每月存多少錢，到 60 歲能累積到的目標金額，及所
　需要的投資報酬率。

若這個報酬率是合理且可達成的，就來選擇投資標的，並開始執行計
畫；若是這個報酬率是不合理或不可達成的，就需要做以下的調整，

然後再來決定投資標的。

調高退休年齡：多工作幾年，晚一點退休。

降低退休後生活費目標：少花點。

增加每月可投入的金額：多存點。

計算如下：

· **已備退休金**

〔43,900 ×（18 ＋ 20）× 1.55%〕＋ 5,000 ＝

勞保薪資 × 年資 × 所得替代率 ＋ 預估勞退年金 ＝

25,857 ＋ 5,000 ＝ 30,857

（18 ＋ 20）＝ 已有年資 18 年 ＋ 未來年資 20 年

假設平均通膨率 3.5%，現在的 50,000 元，20 年後變成 99,489 元，

但是現年 40 歲的勞工，法定請領勞保年金的年齡為 65 歲，每提早

1 年扣 4%，5 年共扣 20%（1 － 20%）＝ 80%

淑君可月領 25,686（25,857 × 80%）＋ 5,000 ＝ 25,686

（勞保年金給付率目前是 1.55%，將來可能降低為 1.3%）

表 3-2 退休準備金計算：

目標：60 歲每月 9.95 萬元（退休時） 單位：元

工作期	退休	享受期
現年 40 歲	60 歲	勞保年金 20,686
		勞退新制年金 5,000
儲蓄投資		需自備資金 73,804

．**退休後生活費**

　　假設以 4% 固定收益率（退休金的獲利率）計算永久收入法：

　　需準備：（需要生活費－已備退休金）× 12／5% ＝ B（退休準備金）

我知道很多財務專家建議以年金現值的方式計算應該累積到的資金，用這個方法所需要累積到的錢比較少，比較容易做到，但是用年金現值法，有三個缺點：第一、目前國內商業年金商品可選擇性小，更無法確定退休時，利率水平是否有利，或是會有好的商業年金商品可供選擇。第二、若屆時放在銀行，自己慢慢提領現金來生活，因為年金現值計算法是以平均餘命來計算，平均餘命是大家的平均數，表示有人活得比較短，有人活得比較長，若以此方式預估，表示活的超過平均餘命的歲月，已經沒錢可用了，而在這人瑞之年，也沒有謀生能力了，往後的生活費怎麼辦呢？若採用永久收入法，就不用擔心這一點。第三、為超過預期的通貨膨脹及突發的事故，預留一些資金來應變，總之，多一些準備，少一份擔心。

．**找出資金儲蓄報酬率**

　　每月存 4 萬 × 12 × 20 × A（年金終值因子）＝ B（退休準備）

　　（年金終值因子說明請見 170 頁，年金表見附頁）

．**評估與選擇投資標的**

假設算出平均報酬率需要 8%，放在定存、購買儲蓄保險、購屋出租，都無法達到 8% 的報酬率。投資在股票不是不可能，但是有相當的難度，倘若淑君完全不懂股票基金的投資就更難了，這時淑君就需要略作調整：增加每月需提存的準備金、降低退休後生活費需求或延長退休年齡。

> **增加每月需提存的準備金：比如說，由每月存 4 萬，提高為存 4.5 萬**
>
> **降低退休後生活費需求：生活費需求 5 萬→減少為 4 萬（現值）；99,489→減少為 79,592（退休時）**
>
> **延長退休年齡：60 歲退休延後到 65 歲**
>
> **4×12×25 年×A＝B（新的退休準備）**

套入上面的例子：

> 退休時可領 20,686＋5,000＝25,686（不會隨通膨調高）
>
> 通膨率 3.5%，現在的 50,000 元，20 年後變成 99,489 元，假設退休後可以取得的固定收益率是 4%（R＝4%），（99,489－20,686－5,000）×12／4%＝2,214 萬
>
> 每年存 4 萬 ×12×20×A（年金終值因子）＝2,214 萬
>
> 算出所需年平均投資報酬率 r＝7.5%

Q: 這個年平均投資報酬率在目前投資市場能否達成？如果不能，要怎麼調整？

提高每月儲蓄投資金額：

4.5 萬 × 12 × 20 × A ＝ 2,059 萬

算出所需年平均投資報酬率 r ＝ 6.5%…可達成？

或

5 萬 × 12 × 20 × A ＝ 2,059 萬

算出所需年平均投資報酬率 r ＝ 5.6%…可達成？

調低退休後生活費所需：

生活費需求 5 萬→減少為 4 萬

99,489（退休時的 5 萬）→減少為 79,592（退休時的 4 萬）

（79,592 － 20,686 － 5,000）× 12 / 4% ＝ 1,617 萬……退休準備

4 萬 × 12 × 20 ×A（年金終值因子）＝ 1,617 萬

算出所需年平均投資報酬率 r ＝ 4.86%

延長退休年齡到 65 歲：

年存 4 萬 × 12 × 25 ×A（年金終值因子）＝ 2,214 萬……退休準備

算出所需年平均投資報酬率 r ＝ 4.51%

當平均報酬率是可預期且可執行的時候，再來挑選可以使用的投資工具，

訂定一套執行計畫及檢討機制，然後開始有紀律的執行與定期檢討。

在儲備期間，定期檢視自己的投資標的，是否應該停利、停損或是否需要轉換標的以符合自己的目標報酬率。多了解目前市場趨勢，對哪些投資工具較有利，比如說，將要降息，債券價格會上漲；將要升息，債券價格會下跌。

在退休後，將已累積的退休準備金，好好地管理，小心地運用，隨時注意利率變化，當利率升到歷史高點後持平一陣子，可以考慮購買即期年金商品。**什麼是年金？簡單的說，就是年年會來的金錢。**

前面說過，**長壽是人生另一大風險，要讓我們的錢活得比我們久，或至少活得跟我們一樣久，唯有仰賴年金險。**年金險的概念與壽險剛好相反，買壽險是擔心自己走太早，有家人需要生活費，走得早的人受益多於活得長的人；買年金險是擔心自己活太久，自己需要生活費，活得久的人受益多於走得早的人。

年金商品是移轉長壽風險的好工具

年金商品分為即期年金和遞延年金，前者一購買就開始領年金，後者約定一定年紀或期間後，開始領年金，領年金之前叫累積期，開始領

年金的時點叫年金化，領年金之後叫分配期，分配期間，不能解約，不能質借，也不能轉讓，只要受益人（自己）活著，年金分配就會有，這是專為長壽設計的，是移轉長壽風險的好工具。

有一天，一個中年人走進保險公司，吵著要見經理，說要將父親的保險解約，因為父親中風了，保險卻沒有理賠，因此非解約不可。經理調閱了他父親的資料，深入了解他的情況後發現，是他自己需要錢，想趁父親中風時，將保險金挪為己用。經理耐心地向他解說他父親的保單是年金險，在半年前已經採取年金化，目前每月匯入他父親帳戶是多少錢，會一直給付到父親辭世，不能解約。

中年人沒拿到錢，氣沖沖的離開，後來經理請業務同仁去客戶家了解一下，才知道，中年人不願外出工作，老是向父親伸手要錢，父親怕老本被他花完了，自己無以終老，因此將保單執行年金化，好確保自己在活著的時候有錢用，這是不是養老防兒？

表 3-3 年金商品的特性

累積期	年金化	分配期
累積資金	開始領年金	活多久領多久

購買年金險應該注意三件事。第一、累積期間資金是如何計息的？若

市場利率改變時，計息會怎樣改變？第二、多久以後可以年金化？執行年金化的時點也是很重要的。當利率上升到高點時執行年金化，對年金受益人較有利，因為以後每月可領到的年金會比較高；利率低迷的時候選擇年金化，相對不利於受益人。第三、年金分配應該選擇哪一種？

A. **一般年金：**是年金受益人（被保險人）身故後，年金就停止給付，一般年金每月可領的錢最多，適合單身族。

B. **保證期間：**是保證給付最少的年期，比如 20 年，若年金受益人在保證的年限內身故，給付剩餘年限的年金發給指定受益人，但若年金受益人超過 20 年仍存活著，會一直給付年金到年金受益人身故為止。

C. **保證金額：**是保證給付最低的年金總額。若年金受益人於身故前所領取的累積年金，低於保證金額時，差額發給指定受益人，但若年金受益人領取累積年金已超過保證金額後仍存活著仍會一直給付年金到年金受益人身故為止。

當然不論選哪一種，只要年金受益人（被保險人）活著，年金就會一直按月給付，即使超過保證期間，或是超過累積總額。意思是說，擔心活得太長壽的人，把錢放入年金，以後一直領一直領，保證能領到生命的最後一天，活得越久，越划算。

簡單介紹一下前面提到的現值、終值、年金現值及年金終值。

現值與終值：

當我們存一筆錢比如 1,000 元在金融機構，一段時間後，會產生一小筆的利息，比如年利率是 3%，一年後利息有 30 元，本利和是 1,030 元。

$$1,000 \times 3\% = 30$$

$$1,000 + 30 = 1,030 〔1,000 \times（1 + 3\%）〕$$

現在的 1,000 元是現值，利率 3% 之下，一年後的 1,030 元是終值。

$$1,030 \div（1 + 3\%）= 1,000$$

以後的 1,030 元是終值，利率 3% 之下，1,000 元是一年前的現值

若是查終值表：

橫坐標找利率 3%，縱坐標找 1 期，得到相對應的數 = 1.03

$$1,000 \times 1.03 = 1,030……終值$$

$$1,030 \div 1.03 = 1,000……現值$$

要知道一段時間後，現在的一筆錢以後價值多少，就用終值計算法。現值與終值是相對的，是計算只投入單一的一筆金額，比如現在存的 50,000 元，在利率 3% 的情況下，20 年後變成多少錢？

$$50,000 \times 1.8061 = 90,305$$

現在每月生活費 30,000 元，若通膨率 2%，15 年後生活費是多少？

$$30,000 \times 1.3459 = 40,377$$

想要在 10 年後有 500 萬元，利率 5%，現在一次要存入多少錢？

5,000,000 ÷ 1.6289 ＝ 3,069,556

年金現值與年金終值：

如果每年年末都存入 1,000 元，而不是只存入單一次，

第一年末是：1,000 元（還沒開始產生利息）

第二年末是：1,000 ×（1 ＋ 3%）＋ 1,000 ＝ 2,030⋯⋯兩年末年金終值

第三年末是：2,030 ×（1 ＋ 3%）＋ 1,000 ＝ 3,091⋯⋯三年末年金終值

第四年末是：3,091 ×（1 ＋ 3%）＋ 1,000 ＝ 4,184⋯⋯四年末年金終值

若查年金終值表：

橫坐標找利率 3%，縱坐標找 2 期，得到相對應的數 ＝ 2.0300

橫坐標找利率 3%，縱坐標找 3 期，得到相對應的數 ＝ 3.0909

橫坐標找利率 3%，縱坐標找 4 期，得到相對應的數 ＝ 4.1836

1,000 × 2.0300 ＝ 2,030

1,000 × 3.0909 ＝ 3,090.9

1,000 × 4.1836 ＝ 4,183.6

年金現值與年金終值也是相對的，是計算每年投入相同的一筆金額；

比如現在每年存的 50,000 元，利率 3%，20 年後變成多少錢？

50,000 × 26.8704 ＝ 1,343,520

支付每年生活費 360,000 元，若通膨率 2%，15 年共需要準備多少？

$$360,000 \times 17.2934 = 6,225,624$$

想要在 10 年後有 500 萬元，利率 5%，現在每年要存入多少錢？

$$5,000,000 \div 12.5779 = 397,523$$

❖安享晚年的養老計畫

退休表示我們離開職場，不再有工資收入，但是由於醫療科技進步，退休後可能仍有許多年的壽命，有許多的費用需要面對。退休後我們最好能準備 3 筆錢：生活費、醫療費、休閒旅遊費。至少需要準備兩筆資金，一筆是生活費，是不可少的，最好是可以定時自動來的，如終身俸、房租、固定收益、終身還本保險給付等等，另一筆是醫療與休閒準備金；當我們身體還健康時，作為休閒旅遊之用；不健康時，作為醫療看護之用。

生活費與醫療休閒準備金這兩筆錢應該分開管理，以防萬一資金不足，不知是該節省生活費去就醫，還是節省醫療支出留做生活費之用。這是退休之前就需要做好計畫的，如果退休前把醫療及長期看護需求用保險規劃好，那第二筆準備金就只做休閒旅遊用途，老年生活應該會更放心、更自在，不會為了要保留老病醫療費用而不敢去旅遊，或是即使去旅遊也不敢花錢。

我有好幾個朋友，兒女都已成家，每年全家排一個假期一起去旅遊，兒女都帶孫子女一起，有時是歐洲，有時是澳洲，享受家人同遊的天倫之樂。我問了其中幾個朋友為什麼兒女都這麼配合？結果得到相同的答案：爸媽出所有人的旅遊費，兒女及配偶只要配合休假時間，不來的不能折現，所以全家人都樂意一起出遊。能夠在退休後年年支付全家旅遊費用的父母，絕對是幸福的，也一定是成功的。

馬奶奶是一位快樂的長輩，她把兒女孝敬她的錢都存起來，逢年過節或是孫子孫女畢業、結婚等等特殊日子，就來發紅包給子孫，兒孫都很喜歡圍繞在馬奶奶的身邊。有一天馬奶奶告訴我，發紅包是她表達愛與祝福的方式，她不想在走了之後再分遺產給子孫，子孫會不會感恩，她也不知道了。不如在平時就給，讓她覺得自己還有能力，看到子孫臉上的笑容，讓她感到非常快樂與滿足。本來馬奶奶的兒女都不准孫子們拿奶奶的紅包，後來知道老人家的想法後，不再說什麼，只是每個月給她的錢更多了，而孫子們逢年過節或家庭聚會，是不會缺席的。我認為這個家庭和樂與愛的氛圍才是把他們緊緊圈在一起的原因，小小的紅包只是個催化劑。

❖企業主的風險管控計畫

許多的企業主，在個人添置動產、不動產時，多半是正值事業巔峰，

或許不會思考到要建立一個風險防火牆 ── 在家庭財務與企業經營風險間的防火牆，防止經營事業的債務風險，延燒到個人資產，以致在公司產生財務危機時，企業主的資產被拿來抵充債務，這樣的案例幾乎天天都在發生。

許多的企業主在需要銀行融資的時候，會被要求提供個人的房地產作為擔保品，否則銀行不會撥款。企業主為了公司的營運或週轉資金，

實例五　**父親生意失敗，千金落難**
主角背景：外銷工廠老闆的掌上明珠，小時候生活優渥，大學時家道中落。

惠萍是我小時候的鄰居，他們家房子好大好漂亮，我們同齡的孩子們，每到放假日，都擠到她家去看電視，因為方圓幾百公尺，只有惠萍家有電視機。我們平日自己走路上學，她出門是三輪車；我們穿姊姊留下的布衣裳，她穿的是美麗的紗裙，我們這些窮屁孩不知有多羨慕她。但是，突然有一天，惠萍家的房子裡住了別人，她與家人搬到一間租來的小房子住，生活水平大大的不一樣了。我聽大人說，她爸爸生意失敗，家裡的資產都沒有了，一家人從優渥的生活到全家去打工賺錢，過得比我們還辛苦，真是從天堂掉到地面了。

實例六 **未雨綢繆的公司老闆**
主角背景：上市公司大老闆，因合併連貸案受牽連，公司破產。

世文也是因為經商的風險導致他名下的資產被拍賣了，但是他和家人仍然住在原來的房子裡，他和家人仍然有足夠的錢維持普通的生活，顯然他是有個風險防火牆的。

不得不這麼做。但是這麼一來，經營企業的風險與家庭資產的風險便綁在一起了，萬一企業出問題，個人資產也就出問題了，身為企業主，應該好好修築一道風險防火牆。

比如，將自住的資產登記在太太的名下，自住不動產不提供作為擔保品；或是將自己名下的資產信託給太太，太太名下的資產信託給自己，如此安排能提供個人／家庭資產相當的保護，將來即使有債務也不至於影響信託資產。需要提醒的是，保產計畫要及早規劃，若是已經產生財務糾紛再來規劃，該信託有可能會因為影響債權而被撤銷，那一切功夫就白費了。

❖財留子孫的傳承計畫

東方人對於將資產傳承給子孫是非常重視的，但是卻不一定在生前就做好了規劃，子女爭產的糾紛時有所聞，為祖產對簿公堂的也不在少數，

而且不一定是萬貫家財的才在爭，在我們身邊就有好些活生生的例子。

到底我們這一生的資產應該給誰？怎麼給？在生前應該做哪些規劃呢？每個人可能會有不同的答案。但是，相信我們都希望以最小的代價（稅金）將一生的努力，留給我們最想照顧的孩子，留給有能力照顧這些資產的孩子，不希望子女為爭產而翻臉，不希望子女拿到祖產後變得懶惰不上進，或揮霍浪費，更不希望因為讓孩子們繼承家產而危害他們的生命安全。

實例七 **房事引爭端，妯娌槓上**
主角背景：務農的單親媽媽，兩子皆成家，大兒子媳婦住外面，小兒子媳婦與媽媽同住，家產都在媽媽名下。

玉婕是一位單親媽媽，養育兩個兒子，兒子也都成家了，大兒子住外面，小兒子住家裡照顧媽媽。有一天玉婕病了，小兒子送她到醫院去，她怕醫療費太貴小兒子付不起，不肯治療，大兒子媳婦知道之後，把媽媽接回家照顧，但是不准小兒子媳婦回家門，也不准他們再管媽媽的事。媽媽的存款、房地契都收起來，小兒子的衣物及生活用品也不准回去拿。直到家族裡的長輩出面，大媳婦才讓媽媽入院接受治療，讓弟弟、弟媳回家。

實例八 **房屋遺產擺不平，手足生心結**
主角背景：中小企業老闆，除了生意，很愛買房地產，
沒有貸款，現金不多。

復邦生前買了很多房地產，少數股票，銀行現金不多，沒有保險。
身故時，子女必須在半年內繳納一大筆的遺產稅，但是現金不夠。
沒有完稅之前，復邦的股票與房地產都不能出售，也不能過戶給子
女，子女最後雖然借款完稅，可以辦過戶了，但因房地產價值不同，
又產生了如何分配的問題。復邦的太太與孩子們為了分配遺產產生
心結，家人漸漸疏遠，相信這是復邦生前想像不到的。

實例九 **房貸誰付？母子反目**
主角背景：退休的老師，兒子新婚，媽媽將原來出租的
房子給兒子媳婦住，請兒子媳婦以後負責支付房屋貸款。

佩玲的兒子結婚了，她將一棟房子給兒子媳婦住，告訴他們以後每
月支付銀行房屋貸款，將來房子送給他們。幾個月後，銀行通知佩
玲說，房貸沒有繳，她打電話給兒子，兒子說好會去繳，但是卻遲
遲不繳，因為媳婦說媽媽比較有錢，為什麼自己不繳？一家人為了
房子產生嫌隙。佩玲很生氣，要兒子媳婦搬出去，她要把房子賣掉；
兒子媳婦也生氣了，說媽媽很小氣，送房子不送貸款，以後再也不
回家了，讓錢陪她吧。

實例十

遺產拿不到，還得繳房貸
主角背景：工廠老闆，喜歡投資朋友的公司和買股票、房屋，有貸款，現金不多。

榮祥的房地產不多，但是有房屋貸款，還擁有股票無數，包括幾家未上市公司股份。榮祥意外身故後，家人花了幾個月的時間，才將榮祥投資的證券整理出來，向國稅局申報遺產稅，國稅局又花了半年的時間，才核定出所有未上市公司股份淨值，這前後將近一年的時間，所有遺產不能過戶，但是房屋貸款仍需要繳納，對家屬造成不少的困擾。

實例十一

意外身亡，上億保險金留愛女
主角背景：從事國際貿易的夫妻，只有一個未成年的獨生女，夫妻倆在一次意外事故中同時喪生，龐大的保險理賠金留給獨生女。

譚先生夫妻有一獨生女，不動產不多，保險卻很多。夫婦倆在女兒18歲那年出差，同時意外身故，留下保險金近億元。親友幫忙女兒處理後事並繳完遺產稅，女兒拿到超過億元的現金，生活當然不成問題，但是兩年後，所有親朋好友怎麼都找不到這個女孩，上億現金也不翼而飛，無論原因為何，女孩的財務曝光，為她帶來危機應該是不爭的事實。

信託是傳承資產好幫手

西方國家多利用信託制度幫助家族管理與傳承資產，第一代父母建立信託，父母生前自己受益，無論是日常生活費、旅遊費、醫療費，或是特別用途的錢，都由信託帳戶支付。父母身故後，由第二代子女受益。子女的生活費、教育費、結婚基金、購屋基金、醫療費、休閒旅遊金等，也都在信託合約中約定。信託資產有專人經營管理，投資收益再加入信託資產中。第二代身故後，再由第三代孫子女繼承受益。如果經營得當，代代有盈餘，不但資產得以代代相傳，也讓子孫代代受到照顧。我國信託制度起步較慢，但是也已逐漸為國人所接受。上面談到的幾個例子，如果將保險、遺囑與信託結合，在生前就做好資產分配的規劃，應該可以減少許多的糾紛與不幸，值得大家多多了解利用。

信託就是將自己的資產，交託給可以信賴的人，用我指定的方式，來照顧我指定的人。受託管理我的信託資產的人（受託人），每年要向政府申報我的資產報表，還要定期交付信託資產利益給我指定的受益人（受益人），信託資產不會被騙走或盜賣，不會被子孫敗光，也不會被債權人申請扣押，怎麼分配只約定在信託契約中，子孫沒法爭訟。戰後嬰兒潮奮鬥努力了一輩子，如何讓子孫傳承今生的成果，信託是好幫手。

❖照顧自己與家人的信託計畫

每個子女都是上天賜給我們的禮物，有些孩子長大了不一定能照顧自己，這時做父母的最擔心的是，當自己百年之後，由誰來接替照顧的責任呢？往後龐大的經費又由誰來負擔呢？求助社福機構往往是最後不得已的選擇，做父母的及早規劃，為孩子預作準備與安排是非常重要的。這時侯，信託規劃更是不能少。

不只是照顧子女，還可以用信託來照顧老病時的自己及獨居的老伴。照顧自己的叫自益信託，照顧他人的叫他益信託。受託管理我們資產的受託人，可以是銀行，也可以是我們信賴的家人朋友，如果受託人擅自賣掉信託財產，可以申請法院為受益人追回來，買到信託資產的買方是不能拒絕的。基本上，**如果找對合格的信託顧問善加規劃，信託是很安全的工具。**

圖 3-2 信託架構

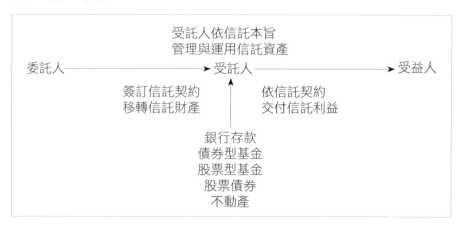

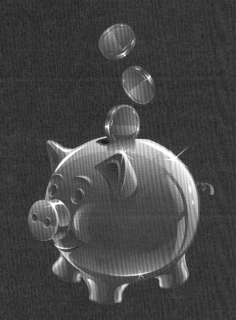

Ch4

別讓權利稅著了：善用稅務報表，聰明節稅

本章重點：

1. 稅務報表攸關您或家人該繳稅的多寡，值得好好了解。

2. 不動產的課稅價值與市價不同。

3. 另類投資標的增值性，變現性較無法掌握，課稅價值難估算。

4. 未上市公司股份也會是贈與的好標的。

5. 保險規劃仍是節稅規劃中重要的一環。

6. 立志節稅，需要對稅制的政策瞭若指掌。

7. 稅率固然重要，稅基也不能忽略。

8. 稅改之下，找專業人士幫忙做資產規劃。

當一個人辭世時，政府依法將他這一生努力的成績單拿來結算一下，看看可以從他的遺產中取得多少的遺產稅，這時政府用的報表與我們前面談到的財務報表不同，這個報表我們可以稱之為稅務報表。

❖ 稅務報表裡的數字玄機

不同的是，有些資產的課稅價值不是市價。比如說，在稅務報表中，房地產的價值是土地公告現值與房屋評定現值，比市價低；汽機車的價值是稅務折舊後的剩餘價值，可能比市價高；股票、基金、黃金的價值，不是買入價格，而是死亡當日收盤價；未上市公司股價是死亡當日該公司之淨值；外幣資產折算台幣價值，也是以死亡當日匯兌價格計算。唯有銀行的台幣存款與貸款餘額與財務報表的數值是相同的。

夫妻資產須分開記錄

還有一點值得注意，家庭財務報表可以將夫妻兩人的資產加總在一起計算，但是稅務報表則要將名下的資產分別記錄。因為夫妻即使是同林鳥，除非意外事故，不太會同一時間離開這個世界，政府課徵遺產稅時，只針對離開人世者的遺產，在世的配偶名下資產是不會一起課稅的。因此分別做每個人的稅務報表，對於預留稅源或財產傳承等稅務規劃會比較好，尤其是當先走的人名下資產比較多時，留下的另一半可以行使夫妻剩餘財產分配請求權，可以很快、很清楚地算出暫時不用繳遺產稅的資

產有多少。而這個夫妻剩餘財產分配請求權，是需要配偶在半年內提出申請的，若沒有申請，是不會在申報遺產稅時自動結算的。

企業主身邊都一定有許多會計師，但多半的會計師主要是處理企業的財稅問題，對於家庭財稅，不一定涉略的如企業財稅一樣深。投資人如果平時多了解稅務的規定，並隨時檢討自己的資產配置，應該是比較正確的作法。

以前面王大偉資產的例子來看，假設王大偉於 103 年 12 月 31 日身故，死亡日他的房屋評定現值是 200 萬，土地公告現值是 700 萬（房屋市價 2400 萬），汽車殘值是 50 萬，保險理賠 900 萬：

表 4-1 王大偉 103/12/31 資產負債表（財務報表） 單位：萬元

資產		負債	
銀行存款	28	房屋貸款	707
房地產	2,400	汽機車貸款	0
股票基金	32	其他貸款	0
車輛	40		
保險金（受益人的）	900		
資產淨值			
2,693			

表 4-2 王大偉 103/12/31 資產負債表（稅務報表）　　　單位：萬元

資產		負債	
銀行存款	28	房屋貸款	707
房地產	900	汽機車貸款	0
股票基金	32	其他貸款	0
車輛	50		
保單現金價值	0		
課稅資產淨值			
303			

※ 註：保險理賠免計入遺產，免稅。

房地產課稅價值＝房屋評定現值＋土地公告現值

900 ＝ 200 ＋ 700

保險理賠 900 萬免計入遺產，免稅。要特別注意的是，不是所有的保險金都是免稅的，重病期間投保、年邁時巨額投保躉繳（一次繳清保費）保險、總保費大於保額或接近保額的保單等等不當的規劃，都有可能被國稅局以「實質課稅原則」要求繳稅。最好是找專業的規劃人員，針對計畫、要保人、被保險人與受益人間的關係，謹慎規劃。以王大偉的例子來說，遺產稅為 0。

雖然王大偉遺留下來的資產淨值，市價是 2693 萬，但是計算遺產稅之課稅資產是 303 萬，扣除各項免稅額、扣除額後，再計算應繳遺產稅額。

在製作稅務報表時，我們應先釐清以下 3 件事：

❖資產市價與課稅：這麼做可以節稅

從稅務報表中，我們可以討論的是：

1. 房地產：買豪宅省遺產稅

房地產出售時是以市價計算，因此出現在財務報表上的是市價，但是如果是留給子孫的遺產，是以土地公告現值及房屋評定現值計算。許多市價上億的房地產，土地公告現值與房屋評定現值加起來不到四分之一的價值，舉個例子說明：

假設市價一億的房地產，土地公告現值是 2,000 萬，房屋評定現值是 500 萬，遺產稅 10% 的情況下，只要繳 250 萬元遺產稅。

$$（2,000＋500）×10％＝250 \quad （不考慮扣除額）$$

如果還有貸款超過 2500 萬，這棟豪宅留給子女完全不用繳遺產稅。

$$（2,000＋500－2,500）×10％＝0$$

$$資產－負債 × 稅率＝稅額$$

因此長久以來，房地產一直深受富豪青睞，作為資產移轉給子女時之標的。尤其在遺贈稅率雙雙降到 10% 後，不動產贈與子孫的案件大增。

當然政府也注意到這個現象，因此推出一波波的稅制改革，很多都是針對房地產而來的。

稅制改革 瞄準房地產

首先將土地公告現值逐年提高到市價的 9 成。當初政府宣布這個政策時，我還十分懷疑，因為市價與公告現值間的差距太大了，怎麼調整啊？結果到現在短短幾年的時間，許多地段的土地公告現值已是原來的好幾倍。這幾年賣房子或是贈與子女房子的朋友們一定會發現，土地增值稅多繳了不少。

接著推出奢侈稅，這個稅是不管你賺不賺錢，都要以售價課徵 15%（一年內賣出）或 10%（1 ～ 2 年內賣出）的稅，以避免短期炒作房地產。現在大家都已習慣購屋 2 年之後再售出。

不僅土地增值稅增加了，房屋交易應繳的財產交易所得稅也提高了。但是房屋是逐年折舊的，房屋評定現值每年會減少一點，如何增加稅收呢？過去政府每年公告各縣市地區應計算的房屋交易所得稅為房屋評定現值的多少標準比例，比如以前臺北市是 28%，現在提高為 48%。對於動輒千萬的房屋交易，這樣還是繳太少了，於是自從房地產交易實價登錄之後，政府規定需要用房地比計算財產交易所得稅，很多用標準比例報稅的人朋友，紛紛被政府要求補稅。

財產交易所得稅案例：

李家銘以 5500 萬元賣出一棟 3 年前以 3500 萬元買的北市房子，賣出
時土地公告現值是 800 萬（增值了 400 萬），房屋評定現值是 200 萬，
繳了 110 萬的土地增值稅，付了 150 萬的仲介費與規費，隔年申報財
產交易所得稅時，將房屋評定現值 200 萬乘上 48%，計入所得，共繳
了 28.8 萬的稅（稅率 30%）。 一年後接到國稅局補稅單，要求他補
110.4 萬元的稅。

他的算法：200 萬 ×48% ×30% 稅率＝ 28.8 萬

房屋評定現值 × 標準公式 × 稅率＝稅額

國稅局的算法：

（賣屋價－買屋價－土地增值稅－交易費用）× 房地比

房地比＝房屋評定現值 / 房屋評定現值＋土地公告現值

（5,500 萬－ 3,500 萬－ 110 萬－ 150 萬）×200 /（200 ＋ 800）

＝ 348 萬……財產交易所得額

348 萬加上家銘所得，稅率變成 40%

348 ×40% ＝ 139.2 萬……財產交易所得稅

139.2 萬 － 28.8 萬 ＝ 110.4 萬

（應稅額）（已繳額）（補繳稅額）

李家銘此筆房屋交易總共繳的稅是：

$$110 \text{ 萬（土增稅）} + 139.2 \text{ 萬（財交稅）} = 249.2 \text{ 萬}$$

$$249.2 \text{ 萬} \div (5,500 - 3,500) = 12.46\% \cdots\cdots \text{實質稅率}$$

不過稅改還沒結束，105 年起買入的房屋將課徵房地合一稅來取代財產交易所得稅，意思是加徵土地交易所得稅。如果套用上面家銘的例子，土地增值稅跟以前一樣，還是要繳 110 萬，房地合一稅是：（假設持有 5 年後出售）

$$（賣屋價 - 買屋價 - 土地增值額 - 交易費用）\times 稅率 = 稅額$$

$$（5,500 - 3,500 - 400 - 150）\times 20\% = 290 \text{ 萬} \cdots\cdots \text{稅額}$$

這裡可扣除的不是土地增值稅而是土地增值的總額，以避免重複課徵土地增值稅。

李家銘此筆房屋交易總共繳的稅是：

$$110 \text{ 萬（土增稅）} + 290 \text{ 萬（房地合一稅）} = 400 \text{ 萬}$$

$$400 \text{ 萬} \div (5,500 - 3,500) = 20\% \cdots\cdots \text{實質稅率}$$

房地合一稅其實可以看成是實價課稅了。

房地合一分離課稅稅率：

持有 1 年內售出：45%

持有 1 ～ 2 年內售出：35%

持有 2 ～ 10 年內售出：20%

持有 10 年後售出：15%

自用且住滿 6 年以上：10%

倘若李家銘在世時都沒有賣出房子，而是遺留給兒子（105 年後），兒子在同年出售，或是將這棟房子贈與給兒子後再賣，應繳稅額有什麼不同？

（賣屋價－成本－土地增值額－交易費用）×稅率＝稅額

（5,500 － 800 － 200 － 0 － 150）萬×20%＝870 萬

870 ÷（5,500 － 3,500）＝ 43.5%

說明：

成本：贈與日土地公告現值 + 房屋評定現值

或是

繼承日土地公告現值 + 房屋評定現值

成本 = 800 + 200 = 1,000……不是爸爸買入的 3,500 萬

土增額

贈與：李家銘贈與兒子時要繳一筆土地增值稅，同年兒子賣出此屋，土地增值為零，因此賣出時沒有土地增值稅。

繼承：若這棟房子是繼承而來，是不用繳土地增值稅的，同年度土地增值為零。

土增額＝0

稅率：因贈與或遺產取得不動產出售，持有年限從李家銘買入之日計算，假設稅率為 20%。

這也是稅務報表與財務報表不同的地方。不懂稅制可能讓我們的稅金比想像的高很多，因此需要隨時注意政府新變更的稅制及對我們的影響。

2. 珠寶古董字畫：價值難定，不一定討得了便宜

近幾年，另類投資或文化產物，越來越受到高資產族的青睞。有些人喜歡收藏珠寶，有些人喜歡收藏古董或字畫，不論是玩賞或是投資，它們的價值與增值是比較不容易估算的，可能 5 年前 100 萬買入的名畫或雕塑，今年可以賣到 500 萬。但是在課稅時，政府是否找得到這些收藏，或是如何定價，留下許多模糊不清的地方。投資人不一定能夠增值獲利或是保證變現，政府也不一定能掌握稅源。過去一些另類投資被補稅的案件，多半是親人或友人檢舉而得知的，在這我們就不多討論了。

3. 未上市公司股票：選對贈與時間，賺很大

未上市公司股票在課徵遺贈稅的時候，不是用買入價格，也不是用未上市盤參考價格，而是該公司於遺贈日的淨值，通常這個淨值會比市場價格為低，可以利用這個規定做稅務規劃。

多年前，我和朋友麗華聊到有關贈與給孩子標的話題。她說，通常她都是贈與現金，放在孩子的帳戶中。我提醒她，贈與給孩子的錢，以後不能借用，也不能轉回自己的帳戶，不然這個贈與會被政府認為是無效的。麗華告訴我，她還有投資上市及未上市公司股份，經過討論，發現其中有一家未上市公司的股價，在市場上的未上市盤參考價格很高（每股 80元），而且已積極在安排上市或上櫃。

我請麗華打電話去該公司，詢問得知上個月該公司的股票淨值是 23 元，於是我建議麗華該年度贈與孩子這個未上市公司的股份。當時免稅贈與為 110 萬，麗華贈與了 47,000 股給她兒子，兩年後該公司獲准上市，股價便一飛沖天。開股東會的那一天，股票收盤價是每股 300 元，而她兒子名下的該股票市價為 1410 萬，如果贈與現金 110 萬，只能買不到 3700股的股份，相差近 13 倍之多。

4. 保險單：能不能免稅要看分明

過去國人投保率不高時，政府為了鼓勵人民投保商業保險以分散風險，減輕政府社會福利的負擔，不但支付保費每人每年有 24,000 元的列舉扣除額，而且一切保險給付，包含滿期給付、傷病給付、身故給付，也可以完全免稅（所得稅與遺產稅）。現在，保險觀念普及，保險已成為理財商品之一，政府重新公布保險免稅的範圍縮減，並且要求行銷人員不

得強調保險的免稅功能，至於過去免稅的給付，有些仍可免稅，有些則
不再免稅。其中有許多細節與技巧，需要依個別情況與需要來規劃，尤
其是保險契約裡，要保人、被保險人及受益人的關係與保險金如何分配、
如何計稅，能否免稅等等問題有關，保險規劃越來越受到投保人與政府
的關注，最好生前就做好規劃。

懂得越多，省得越多

從我年少經商之後，常常被稅捐機構官員請去喝咖啡，我領悟到一件事，
稅務人員照章行事，唯有自己懂得各項稅法規定才是最重要的一件事，
因此我十分投入在各項稅法的研究，立志合法節省一切不必繳的稅，合
法降低必須繳的稅，終極目標是擁有財富但不用繳遺產稅，即使一定要
繳，也已安排好稅源。每年檢討自己的報表時，一定仔細計算，讓稅負
不至於大幅的減損財富。用財務報表配合稅務報表，來調節資產與負債
的配置，就能幫助我完成這個目標。

❖ 稅率與稅基的迷思：稅率降不見得少繳稅

自從政府將遺贈稅率由最高 50% 調降到一律 10% 之後，常常聽到朋友說，
遺贈稅率那麼低，不用再花功夫來節稅了？這句話對嗎？如果稅基（課
稅標的價值）不會改變，稅率下降，當然稅負也會下降，但是如果稅基
調高，稅負就不一定會下降了。這不是政策的問題，而是個數學的問題：

A ×0.5 ＝ 0.5A　假設 A 是 1000 萬，50% 稅率，稅額是 500 萬

5A ×0.1 ＝ 0.5A　A 增值為 5000 萬，10% 稅率，稅額還是 500 萬

當遺贈稅率調降到 10% 的同時，土地公告現值已悄悄的逐年提高，尤其是雙北市。最近在幫客戶做不動產規劃的時候，發現土地公告現值已調高數倍，有的已接近客戶當時的買價。

此外，政府近年也調高房屋所有人的持有稅（地價稅與房屋稅）。我們就談房屋稅吧，自用或營業用房屋稅率不同，這個應該大家都知道，但是同樣是自用房屋，好地段跟一般地段的房屋稅不同，新屋跟舊屋的房屋稅也不同，您知道嗎？

好地段（臺北市有 99 條）的房子，還有一個地段率要算入計稅，而 103 年 7 月 1 日後取得使用執照的新房子，亦大幅調高房屋評定現值。

案例一：信義區某棟 5 年的自用住宅，房屋評定現值是 550 萬

自住房屋稅率是 1.2%，地段率是 320%

其房屋稅是：550 萬 ×1.2% ×320% ＝ 21.12 萬

案例二：同一條路上，信義區某棟半年前交屋的自用住宅

　　房屋評定現值 1700 萬，自住房屋稅率是 1.2%，地段率是 320%

　　其房屋稅是：1700 萬 × 1.2% × 320% ＝ 65.28 萬

因此，當我們在做規劃的時候，要從整體稅負的角度來思考，不要被表面的數字給矇騙了。

❖稅改下的資產管理策略：不管錢多錢少，能省當省

我常常聽到有人說，我沒有很多錢，也沒有很多資產，應該不會被課到什麼稅，不需要規劃。這讓我想起了墨菲定律，人的潛力無窮，但自我暗示的力量更大，與其想著自己不會有錢，何不想想自己將來一定會很成功，擁有很多財富，所以從第一步就開始小心謹慎地規劃，以後不用被課到稅，是規劃得宜的成果，而不是資產不到課稅的起徵點。

墨菲定律：事情往往會向你所想到的不好的方向發展。

坦白說，從節稅的角度來管理資產，絕對不是三言兩語說得明白的，更何況稅制一直在修改，這是絕對需要專業人士幫忙的部分。我們只要隨時留意稅制的改革，不斷更新自己的知識，常常跟專業人士討論，適時的做必要的調整，在絕對合法的路上為自己、為家人固守應有的權利。

Part2

理財實踐篇

Ch 5

記帳，真的很簡單

本章重點：

1. 發票留下來可以幫忙統計消費。

2. 口袋現金管理不開發票的消費。

3. 信用卡也是幫忙記帳的好工具。

4. 善用 3C 產品幫忙記帳。

5. 用銀行帳戶金額的增減來簡單記帳，懶人也能理財。

6. 逐月檢視支出的增長，自我調整消費習慣。

如果您想要開始管理自己的財產，並擁有自己的財務報表，還是要從管理收入與支出（損益表）開始。將收入與支出的資料，轉入資產總表（資產負債表）中，然後再用這些資料分析及找出達成自己目標或是夢想的方法。

❖理財第一步，從記帳開始

我們從資產負債談到了收入支出及各種運用，這一切始於記帳，才能逐步做到完整的財務報表。首先，我們從消費習慣來了解自己的支出情況。平均食衣住行的必要消費是多少，占總收入的比重是多少？結餘可儲蓄或投資的金額是多少？然後開始編列報表。

很多人記了一陣子的帳，之後就沒有繼續了，我個人以前也有過這種經驗。因為沒有從記帳中得到成就感，往往在面對自己的消費時，徒增些許的罪惡感，甚至變成夫妻爭相指責的證據。放棄，變成一個輕鬆的出口。

後來，因為想了解自己的財務水平，為了要完成財務報表，先放入一些大約的數字，看到財務報表所呈現的結果，好奇心驅使自己找出屬於自己的數字。這時，記帳變成一個過程，用真實的數字，理出自己真實的資產，再來看到資產成長而產生的成就感，變成最好的回饋。記帳不再是一件無趣的事。以下介紹幾個好用的方法，讓記帳更容易。

發票記帳法：針對有發票的消費

現在的商店都使用統一發票，許多人會保留統一發票來兌獎，其實，將每月發票留下來，找一天將它們分門別類地記入帳本中，就是一個簡單的支出記帳法。智慧型手機有個統一發票兌獎的APP，可以掃描或是直接輸入發票號碼與消費金額，還可以輸入消費類別，用這個方法不但輕鬆，容易繼續，說不定還會中獎，又可以做為統計消費的工具，很方便。

圖 5-1 統一發票對獎 APP

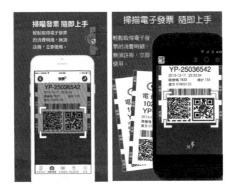

現金存量記帳法：針對沒有發票的消費

對於不開發票的小額消費，有一個很簡單的記帳法，就是拿一個帳本，專門來記現金。例如，3月1日從銀行領20,000元出來，放在抽屜的專用信封中，每次拿3000元出來，只支付無發票或是不能刷卡的消費，比如在傳統市場買菜、加值悠遊卡、計程車資、洗髮剪髮、

買郵票等等，帳本上只註記較大筆支出。

現金花完了，再拿 3,000 元出來，直到月底，減去所剩下的現金，就可以統計出交通費、紅白包交際費、伙食費，其餘的都列入生活雜費，可以不必計算得十分精細，只要能掌握大的消費與消費方向就可以了。

表 5-1 現金收支記帳明細

單位：元

日期	收入來源	金額	日期	支出明細	金額
3/1	提款	20,000	3/1	零用金	3,000
				悠遊卡 500	
				買菜 1,200	
				雜支 1,300	
			3/5	零用金	5,000
				白包 1,100	
				管理費 3,000	
				雜支 600	

以 3 月第一個星期來說：假設口袋裡只剩 300 元

兩次拿現金，共 8,000 元（3,000 ＋ 5,000 ＝ 8,000）

本週總共花掉了 7,700 元（3,000 ＋ 5,000 － 300）

或（500 ＋ 1,200 ＋ 1,300 ＋ 1,100 ＋ 3,000 ＋ 600 ＝ 7,700）

統計如下：

交通費 500

交際費 1,100

管理費 3,000

伙食費1,200

生活雜支1,900（1,300＋600）

或（7,700－500－1,100－3,000－1,200＝1,900）

每個月逐一將這些資料計入收入與支出表，並按類別統計，就能知道各項開支的金額。

信用卡記帳法：針對可以使用信用卡付款的消費

使用信用卡的商店很多，銀行每個月將簽帳單寄給我們請款，還有的銀行會幫忙統計消費類別與比重，若用這個對帳單來記帳，十分方便。值得注意的是，因為刷信用卡的商店一定會開發票，請留意不要跟發票重複記帳，也就是說，採用其中一個方法就可以了。

圖5-2 銀行信用卡消費分析

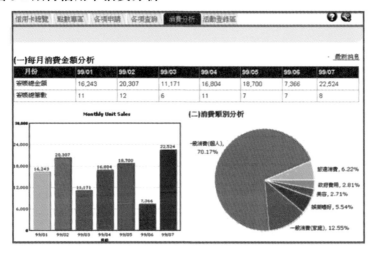

尋找軟體幫手：適合善用 3C 的朋友

網路上或是手機 APP 也有許多記帳軟體，只要選擇一個自己覺得好用的就可以了，重點是要簡單好上手，越複雜的東西，越不易使用，也越難持續下去。其實只要自己和家人看得懂，採用自己的方法也行。重點是記載平常的收入與支出，以便轉載到月報表中。

有些 APP 是可以免費下載的，也有些 APP 是需要花些小錢購買的，讀者可以下載了用用看，選擇一個自己喜歡又好用的 APP，如果能將資料連接到電腦就更方便了。

圖 5-3 記帳軟體 APP

懶人記帳法：按月檢視帳戶餘額推估收支

如果您覺得以上方法都太麻煩了，而自己除了生活費之外，又沒有太多其他的消費，可以用懶人記帳法。現在人們的薪資大部分都是銀行轉帳，消費很多是透過轉帳支出，平時手邊的現金也是從銀行提領，因此，只要看銀行帳戶內的異動，就可以掌握大部分的收入與支出，記錄下每個月帳戶價值的變動，就能推估自己的支出總額。當您想進一步知道自己的消費習慣或是想訂定預算，以便進行目標規劃時，再來仔細的分析支出細節，也是可行的。您可以在電腦上，利用簡單的Excel 表格來記錄，也可以用簡單的小型記事本，自己逐月地記載，無論用哪一種方式，都能清楚了解自己的收支情況，更重要的是，藉著回顧過去的記錄，檢討思考未來支出的方向，以便更有效率的理財。

以下是簡單的例子：

假設每月薪資 50,000 元，固定投資基金 3,000 元，剩餘的錢都放在銀行存摺中，如何算出每月支出與結餘呢？

表 5-2 懶人記帳法收支紀錄明細（記錄每月收支） 單位：元

月份		12/31	1/31	2/28
收入	薪資	50,000	50,000	50,000
其他收入			500	0
支出	生活費	A	A1	A2
結餘		B	B1	B2
流動資產	現金	0	1,200	800
	銀行存款	409,100	418,500	430,000
	基金	3,000	6,000	9,000

A1：代表 1 月份支出，A2：代表 2 月份支出

B1：代表 1 月份結餘，B2：代表 2 月份結餘

假設 12/31 銀行存款是 409,100 元，1/31 銀行存款是 418,500，12/31 基金投入 3,000 元，1 月份又投入 3,000 元（假設價值不變）

1 月花用了多少錢（用A1 代表）？1 月收入還剩多少錢呢（用B1 代表）？

$$A1 = 409,100 + 3,000 + 50,000 + 500 ....\text{原來的＋本月增加的}$$

$$- (1,200 + 418,500 + 6,00) ....\textbf{本月剩下的}$$

$$= 36,900 ....\textbf{本月花用的}$$

$$B1 = 50,000 + 500 - A.............................\textbf{本月收入－本月支出}$$

$$= 13,600 ....\textbf{本月結餘}$$

表 5-3 懶人記帳法收支紀錄明細（單月收支情況） 　　單位：元

月份		12/31	1/31	2/28
收入	薪資	50,000	50,000	50,000
其他收入			500	0
支出	生活費	A	36,900	A2
結餘		B	13,600	B2
流動資產	現金	0	1,200	800
	銀行存款	409,100	418,500	430,000
	基金	3,000	6,000	9,000

2 月的支出：

A2 ＝（1,200 ＋ 418,500 ＋ 6,000）＋ 50000 －（800 ＋ 430,000 ＋ 9,000）

1 月（現金＋銀行存款＋基金）＋ 2 月薪水 － 2 月（現金＋銀行存款＋基金）＝ 35,900

2 月的結餘：

B2 ＝ 50,000 － 35,900 ＝ 14,100

依此類推……

這樣簡易的記帳法，可以知道自己每月消費了多少錢，可以結餘多少，以及累積資產增加了多少。

表 5-4 懶人記帳法收支紀錄明細（累積結餘總額）　　　　　單位：元

月份		1/1	1/31	2/28
收入	薪資		50,000	50,000
其他收入			500	0
支出	生活費	A	36,900	35,900
結餘		B	13,600	14,100
流動資產	現金	0	1,200	800
	銀行存款	409,100	418,500	430,000
	基金	3,000	6,000	9,000
流動資產	合計	412,100	425,700	439,800
	累積增加		13,600	27,700

合計流動資產就是銀行存款加上基金：

12/31：409,100 ＋ 3,000 ＝ 412,100

1/31：418,500 ＋ 6,000 ＝ 425,700 ……增加了 13,600

2/28： 430,000 ＋ 9,000 ＝ 439,800 ……增加了 14,100

累積增加了 27,700

逐月檢視，適時調整消費習慣

多連續觀察幾個月，就能大致了解自己的花費情況。若有一、兩個月的支出特別高，回頭仔細分析原因，是否有不定期但是無法避免的支出，還是有心血來潮的衝動消費，藉由這樣的分析與思考，不用別人多說，自己就會調整往後的消費習慣。比如說：上個月外食消費總額是平均的 3 倍，以致下個月信用卡費很高，這個月就不能有太多外食，或太常去高檔餐廳消費。

一件每天都必須做的事，除非是自己熱愛的，否則是很難持久的，要想持久地做這件事，就要想辦法簡化它。利用以上方法，一個月大約花 2 ～ 3 次，一次花一個小時來整理消費，再記入帳本或電腦中，每個月結果出爐了，跟上個月、前兩個月、去年的這個月比一比，就好像看著孩子的身高一樣，一次比一次高，一定會很開心，很有成就感；相反的，若結果是原地踏步或是越來越退步，相信一定會有感，而開始思考如何改善。

Ch**6**

家庭損益表：你離夢想還有多遠？

本章重點：

1. 了解收入來源與比重，致力增加非工資收入。

2. 了解支出內容與比重，致力節省不必要的支出。

3. 建立連續報表，掌握收入、支出與結餘的增長。

4. 從每月結餘率比例圖中掌握預算，節省非必要支出。

5. 關注累積結餘注入財富水庫增加的水位。

使用前面簡單的方法，算出每月的收入與支出，就可以編制家庭損益表（收入支出表）了。再算出各項收入與各項支出所占的比例，藉由這些資料，我們才可以做出調整支出的決策，幫助我們向財務目標邁進。

以下試以一例子為讀者解釋製作家庭損益表與理財的關係。

陳念祖是單親爸爸，與父母同住，擁有一棟出租的小套房。先將他的月收入與支出輸入家庭財報中，算出各類收入與支出占的比例，用 Excel 或是相關計算軟體，畫出收入比重圖。

表 6-1 各項收入比重表 單位：元

收入	比例	金額
薪資	75.8%	80,000
房租	19.0%	20,000
投資	2.8%	3,000
利息	0.5%	500
其他獎金	1.9%	2,000
收入總和		105,500

表 6-2 各項支出比重表　　　　　　　　　　　　　　　　　　　單位：元

支出	比例	金額
膳食費	21.7%	20,000
外食費	8.7%	8,000
置裝費	5.4%	5,000
房貸含管理費水電費	21.7%	20,000
生活雜費	3.8%	3,500
通訊費	3.3%	3,000
交通費	4.3%	4,000
教育費	16.3%	15,000
休閒旅遊	5.4%	5,000
保險費	4.3%	4,000
其他 / 一次支出	2.7%	2,500
稅金	2.2%	2,000
支出總和		92,000
餘額	12.80%	13,500

圖 6-1 各項收入比重

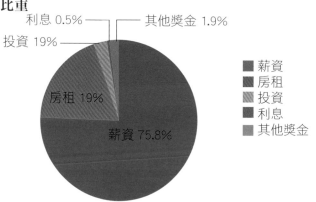

利息 0.5%　　　其他獎金 1.9%
投資 19%
房租 19%
薪資 75.8%

薪資
房租
投資
利息
其他獎金

薪資占總收入的比例是： 80,000 / 105,500 ＝ 75.8%

房租收入占總收入的比例是：20,000 / 105,500 ＝ 19%

投資占總收入的比例是：3,000 / 105,500 ＝ 2.8%%

利息收入占總收入的比例是：500 / 105,500 ＝ 0.5%

其他獎金收入占總收入的比例是：2,000 / 105,500 ＝ 1.9%

再將來自工資的收入與非工資收入分開，薪資屬於工資收入，房租收入、投資收入、利息收入、其他獎金等，屬於非工資收入，算出這兩類收入的比例，畫出收入來源圖。

工資收入占比：80,000 / 105,500 ＝ 75.8%

非工資收入占比：（20,000 ＋ 3,000 ＋ 500 ＋ 2,000）/ 105,500 ＝ 24.2%

圖 6-2 工資與非工資收入比重

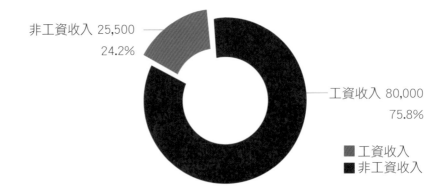

陳念祖只有薪資屬於工資收入，其餘收入都屬於非工資收入，他的非工資收入為 25,500 元，將近占總所得的 25%，算是很不錯了，但是平均支出為 92,000 元，因此，陳念祖還必須持續地工作，才能維持原有的生活水平。往後的理財方向，可以朝向如何增加投資收入、理財收入的方向調整。

如果您做出來的報表顯示，100% 都是來自工資收入，就該及早好好計畫一下，著手為將來不論是自願的，還是被迫的退休而做準備。
再來看看支出面：

圖 6-2 各項支出比重

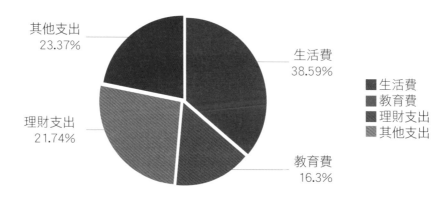

支出細項很多，很難找到重點。我們可以將陳念祖的支出劃分成四大塊，分別是：生活費、教育費、理財支出及其他支出。
占 38.59% 的生活費包括膳食費、外食費、水電費、生活雜支、住家

管理費、交通費、油錢等等合計 35,500 元：（20,000 ＋ 8,000 ＋ 3,500 ＋ 4,000）/ 92,000 ＝ 38.59%

占 16.3% 的教育費包括學費、補習費等合計 10,000 元：15,000 / 92,000 ＝ 16.3%

占 21.74% 的理財支出包括償還貸款的本金、投資股票基金、儲蓄性保險費、互助會、購買黃金等等合計 20,000 元：20,000 / 92,000 ＝ 21.74%

占 23.37% 的其它支出包括置裝費、通訊費、休閒旅遊、保障性保險費、其他支出、稅金、私人借貸等等合計 21,500 元：（5,000 ＋ 3,000 ＋ 5,000 ＋ 4,000 ＋ 2,500 ＋ 2,000）/ 92,000 ＝ 23.37%

很多必要支出是不能省的，若我們想要增加結餘，只能從其他可調整支出裡面來撙節。

不可調整的必要支出包括膳食費、房貸與管理費、水電費、教育費、保險費及稅金：20,000 ＋ 20,000 ＋ 15,000 ＋ 4,000 ＋ 2,000 ＝ 61,000
可調整的支出包括外食費、置裝費、生活雜費、通訊費、交通費、休閒旅遊及其他一次性支出：8,000 ＋ 5,000 ＋ 3,500 ＋ 3,000 ＋ 4,000 ＋ 5,000 ＋ 2,500 ＝ 31,000

如果陳念祖對平均每月結餘 13,500 元（12.8%）不滿意，他可以從可

圖 6-4 可調整與不可調整支出比重

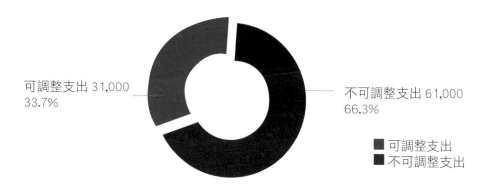

可調整支出 31,000
33.7%

不可調整支出 61,000
66.3%

■ 可調整支出
■ 不可調整支出

調整支出項目中, 找出可以節省的地方;不是說完全刪減這些項目的支出,而是減少一些。比方說,減少外食,減少坐計程車,減少咖啡飲料,能用室內電話就儘量不用手機通話,計畫性添置衣物配件,調整家庭休閒旅遊計畫等等。

如果在可調整支出中縮減一半,就多出 15,500 元可投資,每月結餘變成 29,000 元(27.6%),就算縮減 1/3,也可以多出 10,000 元左右,每月結餘變成 23,500 元(22.4%),讓可儲蓄投資的金額提高。

目前消費習慣:結餘是 13,500,占總所得 12.8%

縮減 33% 可調整支出:結餘變成 13,500 + 10,000 = 23,500,占總所得 22.4%

縮減 50% 可調整支出:結餘變成 13,500 + 15,500 = 29,000,占總所得 27.6%

每月多 10,000 ～ 15,000，一年就多了 120,000 ～ 180,000，10 年就多出來 120 萬～ 180 萬＋利息。

這就是為什麼收入相當的人，有人可以置產，有人還是存款不多的關鍵。我常常告訴年輕的朋友們，**賺多少不是重點，存多少才是重點。**一點小小的觀念調整，就能產生大大不同的財務結果，身為自家企業執行長的您，同意嗎？

接下來，開始建立連續報表，將每月收入支出明細輸入同張報表中。

表 6-3 收入支出統計表　　　　　　　　　　　　　　　　　　　　單位：元

月份 項目	\n104 年上半年收入支出統計表											
	104/1 月		104/2 月		104/3 月		104/4 月		104/5 月		104/6 月	
收入	比例	金額	比例	金額	比例	金額	比例	金額	比例	金額	比例	金額
薪資	75.8%	80,000	77.7%	80,000	75.5%	80,000	77.7%	80,000	75.8%	80,000	74.8%	80,000
房租	19.0%	20,000	19.4%	20,000	18.9%	20,000	19.4%	20,000	19.0%	20,000	18.7%	20,000
投資	2.8%	3,000	2.9%	3,000	4.7%	5,000	2.9%	3,000	2.8%	6,000	4.7%	5,000
利息	0.5%	500	0.0%	0	0.0%	0	0.0%	0	0.5%	0	0.0%	0
其他 獎金	1.9%	2,000	0.0%	0	0.9%	1,000	0.0%	0	1.9%	3,000	1.9%	2,000
工資 收入	75.8%	80,000	77.7%	80,000	75.5%	80,000	77.7%	80,000	75.8%	80,000	74.8%	80,000
非工資 收入	24.2%	25,500	22.3%	23,000	24.5%	26,000	22.3%	23,000	24.2%	29,000	25.2%	27,000
收入 總和		105,500		103,000		106,000		103,000		109,000		107,000

支出	比例	金額	比例	金額	比例	金額	比例	金額	比例	金額	比例	金額
膳食費	21.7%	20,000	24.4%	20,000	25.0%	20,000	27.0%	20,000	22.0%	20,000	21.7%	20,000
外食費	8.75%	8,000	6.1%	5,000	5.6%	4,500	4.7%	3,500	3.3%	3,000	3.3%	3,000
置裝費	5.4%	5,000	4.9%	4,000	4.4%	3,500	0.0%	0	0.0%	0	2.2%	2,000
房貸水電	21.7%	20,000	24.4%	20,000	25.0%	20,000	27.0%	20,000	22.0%	20,000	21.7%	20,000
生活雜費	3.8%	3,500	2.4%	2,000	1.9%	1,500	2.0%	1,500	1.6%	1,500	1.6%	1,500
通訊費	3.3%	3,000	2.4%	2,000	2.5%	2,000	2.7%	2,000	2.2%	2,000	2.2%	2,000
交通費	4.3%	4,000	3.7%	3,000	4.4%	3,500	4.1%	3,000	3.3%	3,000	3.3%	3,000
教育費	16.3%	15,000	18.3%	15,000	18.8%	15,000	20.3%	15,000	16.5%	15,000	16.3%	15,000
休閒旅遊	5.4%	5,000	4.3%	3,500	2.5%	2,000	2.0%	1,500	0.0%	0	2.2%	2,000
保險費	4.3%	4,000	4.9%	4,000	5.0%	4,000	5.4%	4,000	4.4%	4,000	4.3%	4,000
其他一次支出	2.7%	2,500	1.8%	1,500	2.5%	2,000	2.0%	1,500	2.7%	2,500	2.2%	2,000
稅金	2.2%	2,000	2.4%	2,000	2.5%	2,000	2.7%	2,000	22.0%	20,000	2.2%	2,000
支出總和		92,000		82,000		80,000		74,000		91,000		76,500
不可調整支出	66.3%	61,000	74.4%	61,000	76.3%	61,000	82.4%	61,000	86.8%	79,000	79.7%	61,000
可調整支出	33.7%	31,000	25.6%	21,000	23.8%	19,000	17.6%	13,000	13.2%	12,000	20.3%	15,500
餘額	12.8%	13,500	20.4%	21,000	24.5%	26,000	28.2%	29,000	16.5%	18,000	28.5%	30,500
累積結餘		13,500		34,500		60,500		89,500		107,500		138,000
額外收入備註										稿費		半年獎金
大筆支出備註										所得稅		

將每個月的收入、支出與結餘，用 Excel 畫出下半年度收支圖，最好能收入越來越多，目標是支出越來越少，結餘越來越多。

圖 6-5 上半年的收入、支出與結餘比較

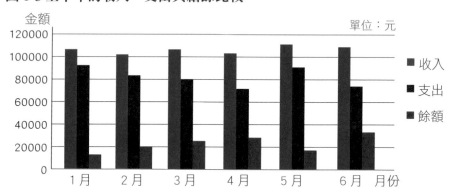

一般受薪階級的人，所得差異不大，在無法開源的狀況下，節流是很重要的。有計畫地節省開支，很快就能見到效果。

接著，我們把每個月的結餘率畫成線性圖，就更能一目了然。

結餘率是指剩餘的錢占總收入的比例：結餘率＝（收入－支出）/ 收入

　　　1 月結餘率 ＝（105,500 － 92,000）/ 105,500 ＝ 12.8%

　　　2 月結餘率 ＝（103,000 － 82,000）/ 103,000 ＝ 20.4%

　　　3 月結餘率 ＝（106,000 － 80,000）/ 106,000 ＝ 24.5%

　　　4 月結餘率 ＝（103,000 － 74,000）/ 103,000 ＝ 28.2%

　　　5 月結餘率 ＝（109,000 － 91,000）/ 109,000 ＝ 16.5%

　　　6 月結餘率 ＝（107,000 － 76,500）/ 107,000 ＝ 28.5%

將每個月的結餘率，用 Excel 畫成下面的圖

圖 6-6 上半年的結餘率

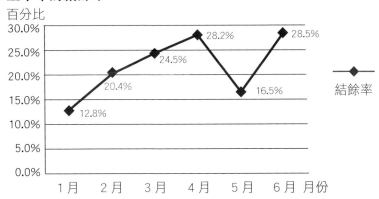

上圖中，5 月份的結餘率為什麼大幅下降？原來是報繳所得稅，結餘自然會減少。美國人常說：Two things in life are certain, DEATH and TAXES：人生中只有兩件事是確定無法避免的——死亡與稅負！

如果回想起的那些支出其實是可以避免的，請在以後決定類似的消費之前，想想這個圖，問問自己這個消費是不是一定需要的，這樣的反思，是累積財富十分重要的觀念。

上面的結餘率，是每個月單一的結餘占收入的比例，到底這段期間總共累積存下了多少錢呢？

1 月累積結餘：13,500

2 月累積結餘：13,500 ＋ 21,000 ＝ 34,500

3 月累積結餘：13,500 ＋ 21,000 ＋ 26,000 ＝ 60,500

4 月累積結餘：13,500 ＋ 21,000 ＋ 26,000 ＋ 29,000 ＝ 89,500

5 月累積結餘：13,500 ＋ 21,000 ＋ 26,000 ＋ 29,000 ＋ 18,000 ＝ 107,500

6 月累積結餘：13,500 ＋ 21,000 ＋ 26,000 ＋ 29,000 ＋ 18,000 ＋ 30,500

＝ 138,000

圖 6-7 上半年累積結餘

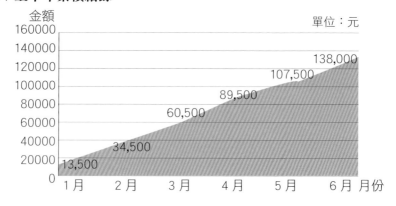

如果我們用水位計的概念來理解這個圖，就是說，陳念祖在過去的 6 個月裡，累積注入了 138,000 的現金到他的財富水庫中，水位因此而升高。

如果我們畫出來的累積結餘圖形是一個長方形，表示這段期間內，賺來的錢都花光了，沒有存下錢來，財富水庫裡沒有進帳；如果累積結餘圖的向上斜率太小，表示每月存下的錢太少，大部分都消費掉了，也代表著，可以用來投資生財的資本太少，想要達成自己財務目標或是夢想，還十分遙遠。如果畫出來的圖形是向右下斜的，表示已入不敷出，老本漸漸減少中，財富水位不斷下降，就要小心了！趕快找出原因及補救的方案吧！

Ch 7

資產負債表：你是理財資優生還是要重修？

本章重點：

1. 資產 - 負債 = 淨資產。

2. 固定資產所占的比例會不會太高？

3. 負債占總資產的比例有多少？償債是個難題嗎？

4. 淨資產的累積與成長。是我們理財的目標。

5. 理財專家能幫忙從報表中分析投資現況，並建議未來決策方向。

接下來，看看陳念祖的財富水庫裡有什麼？經由編制資產負債表，來了解陳念祖的資產有多少？負債有多少？資產淨值又是多少？

表 7-1 陳念祖 1 月 31 日資產負債表

單位：元

資產		負債	
現金	2,500	短期負債	
銀行存款	207,500	私人借款	0
定期存款	0	自助會（死）	0
自助會（活）	0	信用卡債	0
債券	0	商業週轉	0
股票淨值	478,503	其他流動負債	0
基金現值	306,015	長期負債	
保險現金價值	180,000	房屋貸款	3,110,705
其他流動資產	0	助學貸款	0
自住房屋	0	土地貸款	0
投資型房地產	7,000,000	廠房機器貸款	0
辦公大樓廠房	0	其他長期負債	0
土地	0	總負債	3,110,705
其他固定資產	0		
海外資產	0		
珠寶貴金屬	0		
字畫古董	0		
總資產	8,174,518		

資產淨值	5,063,813

資產就是一切有形的、無形的、有經濟價值的資產。有形的資產比如現金、銀行存款、股票、基金、保單現金價值、不動產、珠寶、古董字畫等等；無形的資產比如專利權、著作權等等。

總資產扣掉總負債，即資產淨值：

8,174,518 － 3,110,705 ＝ 5,063,813

固定資產比重＝

不動產總值／總資產：7,000,000／8,174,518 ＝ 85.6%

流動資產比重＝可變現資產總值／總資產：

(2,500 ＋ 207,500 ＋ 478,503 ＋ 306,015 ＋ 180,000)／8,174,518 ＝ 14.4%

負債比＝負債總額／總資產：3,110,705／8,174,518 ＝ 38.1％

圖 7-1 淨資產分配

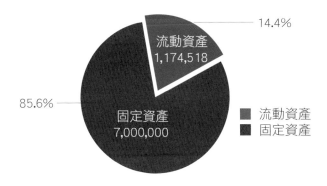

陳念祖的資產中，固定資產占最大宗，流動資產只占總資產的14.4%。陳念祖的負債總額是 311 萬，負債占總資產的比重不大，雖然比他的流動資產 117.4 萬還要多，但是陳念祖的固定資產是投資性房地產，不是自用住宅，萬一有需要，可以隨時出售還債，償債能力相對安全。

在 1 月 31 日這一天，陳念祖的負債比是 38.1%，也就是說，陳念祖的財富水庫中，有 38.1% 的資產是屬於別人的（銀行貸款），只有61.9% 是屬於自己的。

陳念祖每月支付銀行房屋貸款本息 20,000 元，房租收入也是 20,000元，一年房租收入 24 萬，房屋市價 700 萬元，投報率是 3.4%。

圖 7-2 資產負債比

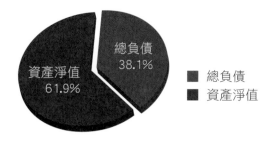

$(20,000 × 12) / 7,000,000 = 3.4\%$

這個報酬率比銀行定存高很多，房租收入剛好繳貸款，除非房客搬
走，陳念祖完全沒有償還貸款的壓力。

跟收入支出表一樣，將每月的資產負債表合併列在同一個檔案中：

表 7-2 上半年資產負債表　　　　　　　　　　　　　　單位：元

資產 ＼ 月份	1月31日	2月28日	3月31日	4月30日	5月31日	6月30日
現金	2,500	1,900	1,500	2,100	2,400	1,800
銀行存款	207,500	222,500	232,500	265,500	277,500	302,000
定期存款	0	0	0	0	0	0
自助會（活）	0	0	0	0	0	0
債券	0	0	0	0	0	0
股票淨值	478,503	488,655	519,076	503,806	499,887	489,463
基金現值	306,015	323,895	331,578	329,538	333,589	334,379
保險現金價值	180,000	180,000	180,000	180,000	180,000	180,000
其他流動資產	0	0	0	0	0	0
自住房屋	0	0	0	0	0	0
投資型房地產	7,000,000	7,000,000	7,000,000	7,000,000	7,000,000	7,000,000
辦公大樓廠房	0	0	0	0	0	0

資產 ＼ 月份	1 月 31 日	2 月 28 日	3 月 31 日	4 月 30 日	5 月 31 日	6 月 30 日
土地	0	0	0	0	0	0
其他固定資產	0	0	0	0	0	0
海外資產	0	0	0	0	0	0
珠寶貴金屬	0	0	0	0	0	0
字畫古董	0	0	0	0	0	0
總資產	8,174,518	8,216,950	8,264,654	8,280,944	8,293,376	8,307,642
短期負債						
私人借款	0	0	0	0	0	0
自助會（死）	0	0	0	0	0	0
信用卡債	0	0	0	0	0	0
商業週轉	0	0	0	0	0	0
其他流動負債	0	0	0	0	0	0
長期負債						
房屋貸款	3,110,705	3,097,889	3,085,052	3,072,194	3,059,314	3,046,413
助學貸款	0	0	0	0	0	0
土地貸款	0	0	0	0	0	0
廠房機器貸款	0	0	0	0	0	0
其他長期負債	0	0	0	0	0	0
總負債	3,110,705	3,097,889	3,085,052	3,072,194	3,059,314	3,046,413
資產淨值	5,063,813	5,119,061	5,179,602	5,208,750	5,234,062	5,261,229
	1 月 31 日	2 月 28 日	3 月 31 日	4 月 30 日	5 月 31 日	6 月 30 日
總資產	8,174,518	8,216,950	8,264,654	8,280,944	8,293,376	8,307,642
總負債	3,110,705	3,097,889	3,085,052	3,072,194	3,059,314	3,046,413
資產淨值	5,063,813	5,119,061	5,179,602	5,208,750	5,234,062	5,261,229

從數字中，我們可以看到陳念祖資產淨值的成長情況：

1/31：5,063,813 元

2/28：5,119,061 元

3/31：5,179,602 元

4/30：5,208,750 元

5/31：5,234,062 元

6/30：5,261,229 元

半年增值了 3.89%

(5,261,229 － 5,063,813) / 5,063,813 ＝ 3.89%

再把各個月份的總資產、總負債及資產淨值，用Excel畫出資產負債圖。

圖 7-3 上半年資產負債

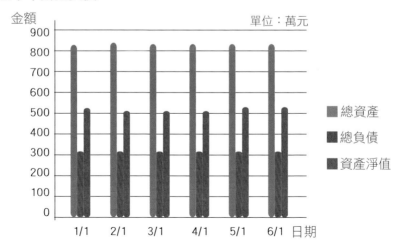

陳念祖的償債力是可變賣的資產總額減去總負債，若為正數，表示他的償債能力強，隨時可以償還貸款。若為負數，表示陳念祖還款能力有風險，應該尋求債務保障。

圖 7-4 上半年償債力　　■總資產　　■總負債　　　　單位：元

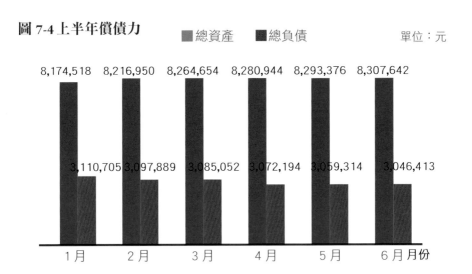

以 1 月份為例：

　　可變賣的資產總額＝ 所有的流動資產＋ 投資性不動產

　　＝(2,500 ＋ 207,500 ＋ 478,503 ＋ 306,015 ＋ 180,000) ＋ 7,000,000

　　＝ 8,174,518

總負債＝ 3,110,705

償債力＝可變賣的資產總額－總負債 ＝ 淨資產＝ 5,063,813

2 月的淨資產： 8,216,950 － 3,097,889 ＝ 5,119,061

3 月的淨資產： 8,264,654 － 3,085,052 ＝ 5,179,602

4 月的淨資產： 8,280,944 － 3,072,194 ＝ 5,208,750

5 月的淨資產： 8,293,376 － 3,059,314 ＝ 5,234,062

6 月的淨資產： 8,307,642 － 3,046,413 ＝ 5,261,229

將每個月的淨資產數值，用 Excel 畫出來，當然斜率向上斜的越陡峭，表示資產累積的速度越快。

圖 7-5 淨資產成長圖

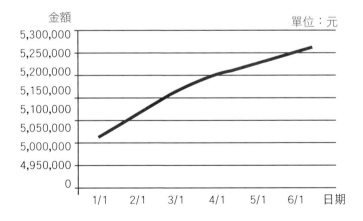

再來算算淨資產成長率：

當逐月、逐年將資產負債一一列表後，可以計算出自己的淨資產成長率，上面的例子只有某年的 1 ～ 6 月，看到的是月的成長，不是年成長。當我們記錄財報的時間長久一些，就能算出每年的改變，計算出年成長率。舉例來說，假設某人在各年度末的淨資產增值如下：

年度　　淨資產
100 年　506 萬
101 年　525 萬
102 年　609 萬
103 年　650 萬
104 年　715 萬

淨資產成長率如下：

101 年：(525 － 506) / 506 ＝ 3.75%

102 年：(609 － 525) / 525 ＝ 16.0%

103 年：(650 － 609) / 609 ＝ 6.73%

104 年：(715 － 650) / 650 ＝ 10.0%

4 年來的平均成長率是：9.0282%（用 Excel 程式或財務計算機）

現值 506，終值 715，期間 4 年＝＞利率 9.0282%

我們可以分析這段期間，造成淨資產增加的原因是來自於哪裡？是投資股市或基金增值了？是投資的不動產增值了？還是收入增加了？有沒有需要調整的地方？

看資產負債表 訂投資策略

倘若淨資產不增值或是增值太少，也需要分析一下可能造成的原因，是有系統性風險產生嗎？比如金融風暴、股災、重大事故？還是市場景氣良好，只有自己的資產減少了？若成長率少於支付房屋貸款的利率，是不是應該償還一些貸款？需不需要調整一下投資策略？有沒有資金是閒置的？還能投入哪些理財工具以創造較高的收益？風險會不會增加？

對於不是學財經科系的人，可能無法自己從報表中找出答案或是找出投資理財的方向，更別說訂定最佳的投資決策，但是，有了這些財務報表，當尋求專業人士協助時，他們可以很快、很容易地幫忙找出答

案，因為最花費時間的工作——蒐集財務資訊了解財務狀況，已經準備好了，財經專家很快就能幫忙理出頭緒，不但有效率，還能節省專業人士幫忙整理與製作報表的費用。更重要的是，在這個過程中，培養自己理財的好習慣，吸收到理財的好觀念，讓自己與家人享受到理財的成果。

Ch 8

理財目標與方法：通往夢想之路

本章重點：

1. 依個人、家庭的收入及支出，訂定短期與長期財務目標。

2. 參考各項財務報表，尋找達成財務目標之方法。

❖訂定目標—開啟人生夢想

很久以前，我看過一個海報，說一個人沒有辦法存退休金的理由：

20 歲的時候：我剛出社會，賺的錢還不夠花，我沒有辦法存錢。

30 歲的時候：我要結婚了，要花很多錢，我沒有辦法存錢。

40 歲的時候：我的孩子要繳學費，還要付房貸，我沒有辦法存錢。

50 歲的時候：我的孩子要出國留學，我沒有辦法存錢。

60 歲的時候：我已經老了，快沒工作了，我沒有辦法存錢。

從表面上看來，每個年齡不能存退休金的理由都很有道理，也確實是需要支付那些錢，但是難道就讓一個又一個的短期目標，把我們的長期目標拋在腦後嗎？到了退休的時候，才在嘆息準備不足嗎？

長期理財規畫勝單一目標計畫

與其針對一個一個的目標規劃，不妨做一個長期的、分段的計畫，將每月結餘分成幾份，結婚前準備旅遊基金、置產基金、結婚基金；結婚後準備旅遊基金、置產基金、子女教育基金、退休準備金、安養準備金。

旅遊基金可以是短期的，而且可以是比較有彈性的，可以選擇股票或基金等投資標的，如果投資績效大好，可以去較遠的地方，停留較久的

時間；如果投資績效不好，可以選擇就近的地方，短暫的放鬆一下就好。

置產基金可用於購買機車、汽車、不動產等。人生會購置的資產不止一兩項，因此需要長期的留有預算，尤其是購買不動產時，往後很長一段時間都要支付房屋貸款，會成為家庭預算中頗大的一筆支出，這部分的準備金來源，最好是來自本業的收入，而不是投資收入，因為當投資績效不好時，房屋貸款還是不能免的。

結婚基金需要準備的時間不會太久，如果在不久的將來一定會結婚，這份準備金就不能放在高風險的地方，以免遭受損失時，婚結不成了。零存整付型的銀行存款是比較合適的工具，如果最終沒有結婚，這筆基金就可以轉做退休準備金。

從一結婚開始，就可以著手準備子女教育基金，讓夫妻越早習慣定期的儲蓄計畫越好，每月需要存入的資金也會越少。若是後來沒有子女，或是子女沒有用到這些教育準備金，也可以轉做夫妻倆的退休金或是安養準備金，總比子女個個優秀，但是父母卻沒錢讓他們繼續深造遺憾少些。子女教育準備若用定存來儲存，如果期間很長，會過於保守，可以選擇定期定額購買基金、股票，或是長年期儲蓄保險。

退休準備金應該從幾歲開始做？有人說 40 歲，有時說 35 歲，我個人

建議，從第一份投資就開始來為退休做準備。隨時想著，我的投資能為我的老年帶來哪些收入？比如說股利、利息、分紅還本、房租等等，股票、基金、儲蓄型保險，甚至投資型不動產都是可以考慮的標的。人生的路很漫長，欲望無窮但是資源有限，短期的目標與長期目標同時並進的準備，才能不顧此失彼，沒有遺憾。

❖編列預算 朝圓夢之路邁進

實例一 **存第一桶金的社會新鮮人**
主角背景：社會新鮮人，與父母同住，期望 5 ～ 8 年能存到第一桶金。

剛出社會的新鮮人耀華，每月薪資 30,000 元，與父母同住，生活費約 15,000 元，保險費 2,500 元，休閒娛樂準備金 2,500 元，其餘的 10,000 元分成兩部分：5,000 元買基金，另外 5,000 元放存款，等待機會（股市下跌）來臨再投入股市。

表 8-1 耀華平均每個月 3 萬的收入：建議配置

30,000 元	時間表	儲蓄目標	可投資工具	目標報酬率
15,000 生活費			現金 銀行存款	
10,000 投資理財	5 ～ 8 年後	100 萬	股票基金 債券	4 ～ 6%

2,500 旅遊基金	每年	3 萬	股票基金 銀行存款	5 ～ 8%
2,500 保險費	每年	保額 100 萬 失能，醫療	壽險意外險 醫療險	

投資理財帳戶：當平均年報酬率為 6% 時，6 年 10 個月的時間就能達成 100 萬的財務目標，如果平均年報酬率為 4% 時，7 年 2 個月後，就可達成 100 萬的財務目標。如果期間遭遇不景氣，能善用低檔買入，到達預定報酬率目標即賣出的策略，不到 6 年的時間就能達成目標。

旅遊帳戶：最好與投資理財帳戶分開管理，因為這個帳戶是短期的，為每年的旅遊目的而設立的。保守型的人，可以放入銀行存款，保證年底一定會存滿 30,000 元。如果打算去遠一些或是高消費的地方玩，30,000 元不夠用，可以兩年或是三年才去一次，這段期間就可以選擇投資報酬率較高的標的，如果投資績效好，就能有更多的旅遊資金，即使績效不怎麼樣，仍然會有一定的錢可以出遊，還能累積更多的投資經驗。

保險：當我們平安健康時努力工作，為著目標理財，萬一我們沒有時間或是沒有健康可以工作，適當的保險能幫我們達成目標。100 萬的壽險保險金幫我們達成儲蓄目標；或是 30,000 元的失能保險金，能維

持原來的生活與理財開支；或是醫療險替我們支付醫療費，不至於讓
突發的費用影響原來的生活與理財開支。

實例二 **想購屋的雙薪夫妻**
主角背景：雙薪夫妻，月薪共 100,000 元，期望 5 ～ 6
年可以購屋。

雙薪的夫妻復華、麗君住在父母家，尚無子女，希望能在子女出
生前自行購屋。兩人生活費約 30,000 元，目前存款約 120 萬元，
希望購買 1,500 萬左右的房子。

表 8-2 復華夫妻平均每個月 10 萬的收入：建議配置

100,000 元	時間表	儲蓄目標	可投資工具	目標報酬率
30,000 元 生活費			現金 銀行存款	
20,000 元 休閒交際準備 金、保險費	每年	24 萬	基金 銀行存款 保險	4 ～ 6%
50,000 元 購屋自備款	5 ～ 6 年	350 萬	股票基金 銀行存款	3 ～ 5%
120 萬元 購屋及裝潢	5 ～ 6 年	150 萬	股票基金 債券	4 ～ 6%

旅遊交際準備帳戶：結婚的夫妻，逢年過節孝親、朋友結婚等等的交際費比單身時更多，因此除了旅遊外，還需要預留交際準備金，以免影響既定的規劃。當準備金累積到一定金額時，可以投入一些到投資市場，以賺取高於銀行存款的利息，若平均年報酬率較高時，可以用旅遊犒賞自己與家人。結婚夫妻的保險預算，也放在這個區塊中，如果經過一段時間，這個帳戶累積出較高的金額，可以拿出部分來投資，作為將來生兒育女的準備。

購屋自備款準備帳戶：這個帳戶是中長期的，為籌備購屋自備款而設立的。可以定期定額投入基金，或是自己熟悉行業的龍頭股票，訂定一個停利停損的計畫，時時注意市場訊息與自己的總體投資報酬，逐年檢討距離目標還差多遠，確保在預定時間達成目標。如果平均年報酬率為 4% 時，5 年 1 個月後，就會達成 350 萬的財務目標。

120 萬現有資金：現有的資金，經過 5 ～ 6 年的累積，可以挹注多一些資金到自備款準備金，並且提供裝潢準備金。通常整筆投資的績效，決定於投入的時點，也就是說，當選擇市場低迷時投入，假以時日，市場回升時，投資績效就會比較好。相反的，在股市一片歡騰時投入，很容易在市場一旦反轉時被套牢。因此，這一大筆 120 萬的投

資，建議加入債券基金或是保留一部分現金，不要一次全部投入，等待市場跌到谷底時，再分批進場買入，這樣風險比較小，比較容易達成目標。

如果平均年報酬率為 4.6% 時，5 年後就會達成 150 萬的財務目標。

如果平均年報酬率為 6% 時，5 年後就會達成 160 萬的財務目標。

表 8-3 復華夫妻購屋後財務目標

	時間表	儲蓄目標
40,000 元房屋貸款	30 年	1,050 萬
10,000 元退休基金	30 年	700 萬

如果順利達成購屋的目標，之前每月 50,000 元的購屋自備款準備金，將移作償還房屋貸款之用。假設貸款總額是 1,050 萬元，貸款 30 年，若年利率 2%，每月本利攤還需要 38,810 元；若利率調升為 2.4%，每月本利攤還需要 40,945 元；只有當貸款利率升到超過 4% 時，每月本利攤還才會超過 50,000 元。

因此，在利率維持在低檔時，將多餘的資金放入子女教育準備或是自己的退休準備金帳戶，時間長遠，就能看到累積的效果。

實例三　**有結婚打算的未婚青年**
主角背景：工作 5 年未婚青年，年薪 120 萬，預計 6 年後結婚。

年薪 120 萬的年輕人阿信，每月在銀行零存整付存 16,000 元作為結婚基金，預定 6 年後，至少有 120 萬；4,000 元買基金作為旅遊基金，每年可以去一趟東南亞國家，或是兩年去一次歐洲或美國；10,000 元買保險，20,000 元買股票，預估退休時，可以存到將近 1,665 萬元，每月還有約 5 萬元可花費。

表 8-4 阿信平均每個月 10 萬的收入：建議配置

100,000 元	時間表	儲蓄目標	可投資工具	目標報酬率
50,000 元 生活費＋稅			現金 銀行存款	
16,000 元 結婚基金	6 年後	120 萬	銀行存款 基金	4～6%
4,000 元 旅遊基金	每年	5 萬	股票基金 銀行存款	5～8%
20,000 元 退休基金	30 年後	1665 萬	股票基金 債券	4～6%
10,000 元 保險費	每年		壽險意外險 醫療險	

結婚基金帳戶：當平均年報酬率為 1.37% 時（銀行定存），6 年後就會達成 120 萬的財務目標；如果平均年報酬率為 4% 時，6 年後就會達成 130 萬的財務目標。如果最終沒有結婚，這個準備可以轉入退休帳戶，繼續累積資產。

旅遊帳戶：跟前面的社會新鮮人略同

退休準備：阿信的祖母留下一棟房屋給阿信，所以他不用為購屋煩惱，因此可以及早準備自己的退休金。如果結婚生子了，這些準備可以轉作子女教育準備金。

保險：以 5 ～ 10 年的年收入為保額的指標，約需 600 ～ 1,200 萬的壽險保障，加可月領 50,000 元的失能保險，相當於 2 年年收入的重大疾病險，還有醫療險，在年輕健康時，為年長不健康時作好準備。

實例四 **年輕高薪主管家庭**
主角背景：高收入主管，月薪 25 萬，育有一女，太
太是家庭主婦。

高收入的新婚爸爸彥廷，每月購買基金 12,000 元存在女兒名下，
17 年後預估會存到將近 300 萬的教育金；購買基金 10,000 元在
太太的名下，預估太太 60 歲時，可以累積到將近 500 萬的退休
金；他的保險費大約 15,000 元，保障他不能工作時的收入及 1,500
萬的壽險保障；另外他也為自己存了每月 10,000 元的基金，作為
退休準備；每月支付房屋貸款本息大約 10 萬元，還有至少 10 萬
元的生活費可支出。

表 8-5 彥廷平均每個月 25 萬的收入：建議配置

250,000 元	時間表	儲蓄目標	可投資工具	目標報酬率
100,000 元 生活費＋稅			現金 銀行存款	
12,000 元教 育基金	17 年後	300 萬	股票債券 儲蓄險	4〜6%
10,000 元 太太退休金	25 年後	500 萬	股票債券 保險年金	4〜6%
10,000 元 自己退休金	25 年後	500 萬	股票債券 保險年金	4〜6%
15,000 元 保險費			1,500 萬 壽險	
100,000 元 還房屋貸款	10 年	1,087 萬		

彥廷的房屋貸款餘額還有 1,087 萬，還需要還 10 年，10 年後每月
100,000 元的還貸款預算可以轉為子女教育準備、自己及太太退休準
備，或是添購新屋準備。

不同於年輕時的規劃，彥廷和太太的退休準備，在步入中年之後，可
以考慮加入終身還本型的儲蓄保險或是年金保險，因為終身可以定期
領到錢，是退休金的重要條件，不能因為投資績效的變動而影響退休
生存的權利。

> **實例五** **計畫退休的中年雙薪資深主管夫妻**
> 主角背景：雙薪資深主管夫妻，每月收入 20 萬，子
> 女已成年獨立，預計 10 年後退休。
>
> 一對年近 55 歲的鄒氏夫妻，兒女已長大，房屋貸款也剩下不多，
> 經過精算，建議他們將每月的 20 萬元預算，分成 4 份，每月生活
> 費 5 萬元，每月 3 萬元定時定額買保守型基金，做為醫療與休閒
> 準備金；健康時作休閒旅遊之用，萬一病倒了，沒有體力玩，就可
> 當做醫療費用；每月 8 萬元買終身還本型儲蓄險，總共要支付 10
> 年，10 年後可以終身領回每月 8 萬元還本保險金，身故時還有一
> 筆保險金留給家人；另外每月存 4 萬元放入穩健型基金，預留將
> 來身邊放一些流動資金，一來可做自己或兒女急需時的後盾；二來
> 可以彌補終身還本保險金不能隨物價調整可能造成的短缺。

表 8-6 鄒氏夫妻平均每個月 20 萬的預算：建議配置

200,000 元	時間表	儲蓄目標	可投資工具	目標報酬率
50,000 元 生活費＋稅			現金 銀行存款	
30,000 元 健康休閒基金	每年	36 萬	保險 債券基金	2 ～ 4%
80,000 元 還本保險金	10 年後	終身 月領 8 萬	還本保險	2%
40,000 元 第二準備金	10 年後	600 萬	股票債券 固定收益	4 ～ 6%

健康休閒基金：可以分一些預算購買重大疾病醫療保險及長期看護險，這樣萬一重病時，不需要額外的資金來應付醫療或看護需求，所剩餘的錢，完全可以作為休閒娛樂之用。

第二準備金：多準備一份退休金，以免固定每月的 8 萬元無法應付物價的上漲，並且可以作為應急基金。固定收益的商品有很多，如政府債、公司債、可轉債、REITs、投資級債券基金、高收益債券基金等等。

❖ 確實執行 讓夢想成真

達成財務目標的方法很多，每個人的喜好或許也有差異，建議在考慮報酬率的同時，一定還要優先思考風險性，包括匯率的風險、違約的風險、價格波動的風險等，以及流動性（變現性）；是否隨時可以變

現，或是多久以後可以變現，變現是否會有損失等等，多結交良師益友，隨時與他們討論，以便調整自己的策略。

好多朋友，身邊不是沒有錢，而是不知道自己到底有多少錢可以做哪些事，投資沒有計畫，存錢沒有計畫，買保險沒有計畫，購屋也沒有良好的計畫，看到帳戶裡的錢多了一些，就會容易衝動的消費，比如買名牌包、出國旅遊、被人遊說參與某些投資，或是在股市歡欣鼓舞的時候，跟進買別人說賺了錢的股票等等，資產總值就浮浮沉沉的，一會多些，一會又少些。

如果我們從來不量體重，吃東西不節制，體重慢慢增加到失控，是非常可能的；如果我們從來不注意自己的收入與支出，不管理自己的資產與投資，資產不增長或是增長太少，也是非常可能的。

讓我們養成記帳的習慣，製作財務報表的習慣，和定期檢討財報與調整投資配置的習慣，相信一定能較早達成自己的財務目標，早日達到財富自由。即使我們盡力了最終不能完成目標，至少為子女做了最好的示範，讓子女從父母身教上學會理財。

Ch9

附錄

1.PIVI 現值因子

2.PVIFA 年金現值因子

3.FVIF 終值因子

4.FVIFA 年金終值因子

PIVI 現值因子表

期數	1%	2%	3%	4%	5%	6%	7%	8%	9%
1	0.9901	0.9804	0.9709	0.9615	0.9524	0.9434	0.9346	0.9259	0.9174
2	0.9803	0.9612	0.9426	0.9246	0.9070	0.8900	0.8734	0.8573	0.8417
3	0.9706	0.9423	0.9151	0.8890	0.8638	0.8396	0.8163	0.7938	0.7722
4	0.9610	0.9238	0.8885	0.8548	0.8227	0.7921	0.7629	0.7350	0.7084
5	0.9515	0.9057	0.8626	0.8219	0.7835	0.7473	0.7130	0.6806	0.6499
6	0.9420	0.8880	0.8375	0.7903	0.7462	0.7050	0.6663	0.6302	0.5963
7	0.9327	0.8706	0.8131	0.7599	0.7107	0.6651	0.6227	0.5835	0.5470
8	0.9235	0.8535	0.7894	0.7307	0.6768	0.6274	0.5820	0.5403	0.5019
9	0.9143	0.8368	0.7664	0.7026	0.6446	0.5919	0.5439	0.5002	0.4604
10	0.9053	0.8203	0.7441	0.6756	0.6139	0.5584	0.5083	0.4632	0.4224
11	0.8963	0.8043	0.7224	0.6496	0.5847	0.5268	0.4751	0.4289	0.3875
12	0.8874	0.7885	0.7014	0.6246	0.5568	0.4970	0.4440	0.3971	0.3555
13	0.8787	0.7730	0.6810	0.6006	0.5303	0.4688	0.4150	0.3677	0.3262
14	0.8700	0.7579	0.6611	0.5775	0.5051	0.4423	0.3878	0.3405	0.2992
15	0.8613	0.7430	0.6419	0.5553	0.4810	0.4173	0.3624	0.3152	0.2745
16	0.8528	0.7284	0.6232	0.5339	0.4581	0.3936	0.3387	0.2919	0.2519
17	0.8444	0.7142	0.6050	0.5134	0.4363	0.3714	0.3166	0.2703	0.2311
18	0.8360	0.7002	0.5874	0.4936	0.4155	0.3503	0.2959	0.2502	0.2120
19	0.8277	0.6864	0.5703	0.4746	0.3957	0.3305	0.2765	0.2317	0.1945
20	0.8195	0.6730	0.5537	0.4564	0.3769	0.3118	0.2584	0.2145	0.1784
21	0.8114	0.6598	0.5375	0.4388	0.3589	0.2942	0.2415	0.1987	0.1637
22	0.8034	0.6468	0.5219	0.4220	0.3418	0.2775	0.2257	0.1839	0.1502
23	0.7954	0.6342	0.5067	0.4057	0.3256	0.2618	0.2109	0.1703	0.1378
24	0.7876	0.6217	0.4919	0.3901	0.3101	0.2470	0.1971	0.1577	0.1264
25	0.7798	0.6095	0.4776	0.3751	0.2953	0.2330	0.1842	0.1460	0.1160
30	0.7419	0.5521	0.4120	0.3083	0.2314	0.1741	0.1314	0.0994	0.0754
35	0.7059	0.5000	0.3554	0.2534	0.1813	0.1301	0.0937	0.0676	0.0490
36	0.6989	0.4902	0.3450	0.2437	0.1727	0.1227	0.0875	0.0626	0.0449
40	0.6717	0.4529	0.3066	0.2083	0.1420	0.0972	0.0668	0.0460	0.0318
50	0.6080	0.3715	0.2281	0.1407	0.0872	0.0543	0.0339	0.0213	0.0134

11%	12%	13%	14%	15%	16%	20%	24%	25%	30%
0.9009	0.8929	0.8850	0.8772	0.8696	0.8621	0.8333	0.8065	0.8000	0.7692
0.8116	0.7972	0.7831	0.7695	0.7561	0.7432	0.6944	0.6504	0.6400	0.5917
0.7312	0.7118	0.6931	0.6750	0.6575	0.6407	0.5787	0.5245	0.5120	0.4552
0.6587	0.6355	0.6133	0.5921	0.5718	0.5523	0.4823	0.4230	0.4096	0.3501
0.5935	0.5674	0.5428	0.5194	0.4972	0.4761	0.4019	0.3411	0.3277	0.2693
0.5346	0.5066	0.4803	0.4556	0.4323	0.4104	0.3349	0.2751	0.2621	0.2072
0.4817	0.4523	0.4251	0.3996	0.3759	0.3538	0.2791	0.2218	0.2097	0.1594
0.4339	0.4039	0.3762	0.3506	0.3269	0.3050	0.2326	0.1789	0.1678	0.1226
0.3909	0.3606	0.3329	0.3075	0.2843	0.2630	0.1938	0.1443	0.1342	0.0943
0.3522	0.3220	0.2946	0.2697	0.2472	0.2267	0.1615	0.1164	0.1074	0.0725
0.3173	0.2875	0.2607	0.2366	0.2149	0.1954	0.1346	0.0938	0.0859	0.0558
0.2858	0.2567	0.2307	0.2076	0.1869	0.1685	0.1122	0.0757	0.0687	0.0429
0.2575	0.2292	0.2042	0.1821	0.1625	0.1452	0.0935	0.0610	0.0550	0.0330
0.2320	0.2046	0.1807	0.1597	0.1413	0.1252	0.0779	0.0492	0.0440	0.0254
0.2090	0.1827	0.1599	0.1401	0.1229	0.1079	0.0649	0.0397	0.0352	0.0195
0.1883	0.1631	0.1415	0.1229	0.1069	0.0930	0.0541	0.0320	0.0281	0.0150
0.1696	0.1456	0.1252	0.1078	0.0929	0.0802	0.0451	0.0258	0.0225	0.0116
0.1528	0.1300	0.1108	0.0946	0.0808	0.0691	0.0376	0.0208	0.0180	0.0089
0.1377	0.1161	0.0981	0.0829	0.0703	0.0596	0.0313	0.0168	0.0144	0.0068
0.1240	0.1037	0.0868	0.0728	0.0611	0.0514	0.0261	0.0135	0.0115	0.0053
0.1117	0.0926	0.0768	0.0638	0.0531	0.0443	0.0217	0.0109	0.0092	0.0040
0.1007	0.0826	0.0680	0.0560	0.0462	0.0382	0.0181	0.0088	0.0074	0.0031
0.0907	0.0738	0.0601	0.0491	0.0402	0.0329	0.0151	0.0071	0.0059	0.0024
0.0817	0.0659	0.0532	0.0431	0.0349	0.0284	0.0126	0.0057	0.0047	0.0018
0.0736	0.0588	0.0471	0.0378	0.0304	0.0245	0.0105	0.0046	0.0038	0.0014
0.0437	0.0334	0.0256	0.0196	0.0151	0.0116	0.0042	0.0016	0.0012	0.0004
0.0259	0.0189	0.0139	0.0102	0.0075	0.0055	0.0017	0.0005	0.0004	0.0001
0.0234	0.0169	0.0123	0.0089	0.0065	0.0048	0.0014	0.0004	0.0003	0.0001
0.0154	0.0107	0.0075	0.0053	0.0037	0.0026	0.0007	0.0002	0.0001	0.0000
0.0054	0.0035	0.0022	0.0014	0.0009	0.0006	0.0001	0.0000	0.0000	0.0000

PVIFA 年金現值因子

期數	1%	2%	3%	4%	5%	6%	7%	8%	9%
1	0.9901	0.9804	0.9709	0.9615	0.9524	0.9434	0.9346	0.9259	0.9174
2	1.9704	1.9416	1.9135	1.8861	1.8594	1.8334	1.8080	1.7833	1.7591
3	2.9410	2.8839	2.8286	2.7751	2.7232	2.6730	2.6243	2.5771	2.5313
4	3.9020	3.8077	3.7171	3.6299	3.5460	3.4651	3.3872	3.3121	3.2397
5	4.8534	4.7135	4.5797	4.4518	4.3295	4.2124	4.1002	3.9927	3.8897
6	5.7955	5.6014	5.4172	5.2421	5.0757	4.9173	4.7665	4.6229	4.4859
7	6.7282	6.4720	6.2303	6.0021	5.7864	5.5824	5.3893	5.2064	5.0330
8	7.6517	7.3255	7.0197	6.7327	6.4632	6.2098	5.9713	5.7466	5.5348
9	8.5660	8.1622	7.7861	7.4353	7.1078	6.8017	6.5152	6.2469	5.9952
10	9.4713	8.9826	8.5302	8.1109	7.7217	7.3601	7.0236	6.7101	6.4177
11	10.3676	9.7868	9.2526	8.7605	8.3064	7.8869	7.4987	7.1390	6.8052
12	11.2551	10.5753	9.9540	9.3851	8.8633	8.3838	7.9427	7.5361	7.1607
13	12.1337	11.3484	10.6350	9.9856	9.3936	8.8527	8.3577	7.9038	7.4869
14	13.0037	12.1062	11.2961	10.5631	9.8986	9.2950	8.7455	8.2442	7.7862
15	13.8651	12.8493	11.9379	11.1184	10.3797	9.7122	9.1079	8.5595	8.0607
16	14.7179	13.5777	12.5611	11.6523	10.8378	10.1059	9.4466	8.8514	8.3126
17	15.5623	14.2919	13.1661	12.1657	11.2741	10.4773	9.7632	9.1216	8.5436
18	16.3983	14.9920	13.7535	12.6593	11.6896	10.8276	10.0591	9.3719	8.7556
19	17.2260	15.6785	14.3238	13.1339	12.0853	11.1581	10.3356	9.6036	8.9501
20	18.0456	16.3514	14.8775	13.5903	12.4622	11.4699	10.5940	9.8181	9.1285
21	18.8570	17.0112	15.4150	14.0292	12.8212	11.7641	10.8355	10.0168	9.2922
22	19.6604	17.6580	15.9369	14.4511	13.1630	12.0416	11.0612	10.2007	9.4424
23	20.4558	18.2922	16.4436	14.8568	13.4886	12.3034	11.2722	10.3711	9.5802
24	21.2434	18.9139	16.9355	15.2470	13.7986	12.5504	11.4693	10.5288	9.7066
25	22.0232	19.5235	17.4131	15.6221	14.0939	12.7834	11.6536	10.6748	9.8226
30	25.8077	22.3965	19.6004	17.2920	15.3725	13.7648	12.4090	11.2578	10.2737
35	29.4086	24.9986	21.4872	18.6646	16.3742	14.4982	12.9477	11.6546	10.5668
36	30.1075	25.4888	21.8323	18.9083	16.5469	14.6210	13.0352	11.7172	10.6118
40	32.8347	27.3555	23.1148	19.7928	17.1591	15.0463	13.3317	11.9246	10.7574
50	39.1961	31.4236	25.7298	21.4822	18.2559	15.7619	13.8007	12.2335	10.9617

10%	11%	12%	13%	14%	15%	16%	20%	24%	25%	30%
0.9091	0.9009	0.8929	0.8850	0.8772	0.8696	0.8621	0.8333	0.8065	0.8000	0.7692
1.7355	1.7125	1.6901	1.6681	1.6467	1.6257	1.6052	1.5278	1.4568	1.4400	1.3609
2.4869	2.4437	2.4018	2.3612	2.3216	2.2832	2.2459	2.1065	1.9813	1.9520	1.8161
3.1699	3.1024	3.0373	2.9745	2.9137	2.8550	2.7982	2.5887	2.4043	2.3616	2.1662
3.7908	3.6959	3.6048	3.5172	3.4331	3.3522	3.2743	2.9906	2.7454	2.6893	2.4356
4.3553	4.2305	4.1114	3.9975	3.8887	3.7845	3.6847	3.3255	3.0205	2.9514	2.6427
4.8684	4.7122	4.5638	4.4226	4.2883	4.1604	4.0386	3.6046	3.2423	3.1611	2.8021
5.3349	5.1461	4.9676	4.7988	4.6389	4.4873	4.3436	3.8372	3.4212	3.3289	2.9247
5.7590	5.5370	5.3282	5.1317	4.9464	4.7716	4.6065	4.0310	3.5655	3.4631	3.0190
6.1446	5.8892	5.6502	5.4262	5.2161	5.0188	4.8332	4.1925	3.6819	3.5705	3.0915
6.4951	6.2065	5.9377	5.6869	5.4527	5.2337	5.0286	4.3271	3.7757	3.6564	3.1473
6.8137	6.4924	6.1944	5.9176	5.6603	5.4206	5.1971	4.4392	3.8514	3.7251	3.1903
7.1034	6.7499	6.4235	6.1218	5.8424	5.5831	5.3423	4.5327	3.9124	3.7801	3.2233
7.3667	6.9819	6.6282	6.3025	6.0021	5.7245	5.4675	4.6106	3.9616	3.8241	3.2487
7.6061	7.1909	6.8109	6.4624	6.1422	5.8474	5.5755	4.6755	4.0013	3.8593	3.2682
7.8237	7.3792	6.9740	6.6039	6.2651	5.9542	5.6685	4.7296	4.0333	3.8874	3.2832
8.0216	7.5488	7.1196	6.7291	6.3729	6.0472	5.7487	4.7746	4.0591	3.9099	3.2948
8.2014	7.7016	7.2497	6.8399	6.4674	6.1280	5.8178	4.8122	4.0799	3.9279	3.3037
8.3649	7.8393	7.3658	6.9380	6.5504	6.1982	5.8775	4.8435	4.0967	3.9424	3.3105
8.5136	7.9633	7.4694	7.0248	6.6231	6.2593	5.9288	4.8696	4.1103	3.9539	3.3158
8.6487	8.0751	7.5620	7.1016	6.6870	6.3125	5.9731	4.8913	4.1212	3.9631	3.3198
8.7715	8.1757	7.6446	7.1695	6.7429	6.3587	6.0113	4.9094	4.1300	3.9705	3.3230
8.8832	8.2664	7.7184	7.2297	6.7921	6.3988	6.0442	4.9245	4.1371	3.9764	3.3254
8.9847	8.3481	7.7843	7.2829	6.8351	6.4338	6.0726	4.9371	4.1428	3.9811	3.3272
9.0770	8.4217	7.8431	7.3300	6.8729	6.4641	6.0971	4.9476	4.1474	3.9849	3.3286
9.4269	8.6938	8.0552	7.4957	7.0027	6.5660	6.1772	4.9789	4.1601	3.9950	3.3321
9.6442	8.8552	8.1755	7.5856	7.0700	6.6166	6.2153	4.9915	4.1644	3.9984	3.3330
9.6765	8.8786	8.1924	7.5979	7.0790	6.6231	6.2201	4.9929	4.1649	3.9987	3.3331
9.7791	8.9511	8.2438	7.6344	7.1050	6.6418	6.2335	4.9966	4.1659	3.9995	3.3332
9.9148	9.0417	8.3045	7.6752	7.1327	6.6605	6.2463	4.9995	4.1666	3.9999	3.3333

FVIF 終值因子

期數	1%	2%	3%	4%	5%	6%	7%	8%	9%	10%	11%
1	1.0100	1.0200	1.0300	1.0400	1.0500	1.0600	1.0700	1.0800	1.0900	1.1000	1.1100
2	1.0201	1.0404	1.0609	1.0816	1.1025	1.1236	1.1449	1.1664	1.1881	1.2100	1.2321
3	1.0303	1.0612	1.0927	1.1249	1.1576	1.1910	1.2250	1.2597	1.2950	1.3310	1.3676
4	1.0406	1.0824	1.1255	1.1699	1.2155	1.2625	1.3108	1.3605	1.4116	1.4641	1.5181
5	1.0510	1.1041	1.1593	1.2167	1.2763	1.3382	1.4026	1.4693	1.5386	1.6105	1.6851
6	1.0615	1.1262	1.1941	1.2653	1.3401	1.4185	1.5007	1.5869	1.6771	1.7716	1.8704
7	1.0721	1.1487	1.2299	1.3159	1.4071	1.5036	1.6058	1.7138	1.8280	1.9487	2.0762
8	1.0829	1.1717	1.2668	1.3686	1.4775	1.5938	1.7182	1.8509	1.9926	2.1436	2.3045
9	1.0937	1.1951	1.3048	1.4233	1.5513	1.6895	1.8385	1.9990	2.1719	2.3579	2.5580
10	1.1046	1.2190	1.3439	1.4802	1.6289	1.7908	1.9672	2.1589	2.3674	2.5937	2.8394
11	1.1157	1.2434	1.3842	1.5395	1.7103	1.8983	2.1049	2.3316	2.5804	2.8531	3.1518
12	1.1268	1.2682	1.4258	1.6010	1.7959	2.0122	2.2522	2.5182	2.8127	3.1384	3.4985
13	1.1381	1.2936	1.4685	1.6651	1.8856	2.1329	2.4098	2.7196	3.0658	3.4523	3.8833
14	1.1495	1.3195	1.5126	1.7317	1.9799	2.2609	2.5785	2.9372	3.3417	3.7975	4.3104
15	1.1610	1.3459	1.5580	1.8009	2.0789	2.3966	2.7590	3.1722	3.6425	4.1772	4.7846
16	1.1726	1.3728	1.6047	1.8730	2.1829	2.5404	2.9522	3.4259	3.9703	4.5950	5.3109
17	1.1843	1.4002	1.6528	1.9479	2.2920	2.6928	3.1588	3.7000	4.3276	5.0545	5.8951
18	1.1961	1.4282	1.7024	2.0258	2.4066	2.8543	3.3799	3.9960	4.7171	5.5599	6.5436
19	1.2081	1.4568	1.7535	2.1068	2.5270	3.0256	3.6165	4.3157	5.1417	6.1159	7.2633
20	1.2202	1.4859	1.8061	2.1911	2.6533	3.2071	3.8697	4.6610	5.6044	6.7275	8.0623
21	1.2324	1.5157	1.8603	2.2788	2.7860	3.3996	4.1406	5.0338	6.1088	7.4002	8.9492
22	1.2447	1.5460	1.9161	2.3699	2.9253	3.6035	4.4304	5.4365	6.6586	8.1403	9.9336
23	1.2572	1.5769	1.9736	2.4647	3.0715	3.8197	4.7405	5.8715	7.2579	8.9543	11.0263
24	1.2697	1.6084	2.0328	2.5633	3.2251	4.0489	5.0724	6.3412	7.9111	9.8497	12.2392
25	1.2824	1.6406	2.0938	2.6658	3.3864	4.2919	5.4274	6.8485	8.6231	10.8347	13.5855
30	1.3478	1.8114	2.4273	3.2434	4.3219	5.7435	7.6123	10.0627	13.2677	17.4494	22.8923
35	1.4166	1.9999	2.8139	3.9461	5.5160	7.6861	10.6766	14.7853	20.4140	28.1024	38.5749
36	1.4308	2.0399	2.8983	4.1039	5.7918	8.1473	11.4239	15.9682	22.2512	30.9127	42.8181
40	1.4889	2.2080	3.2620	4.8010	7.0400	10.2857	14.9745	21.7245	31.4094	45.2593	65.0009
50	1.6446	2.6916	4.3839	7.1067	11.4674	18.4202	29.4570	46.9016	74.3575	117.3909	184.5648

12%	13%	14%	15%	16%	20%	24%	25%	30%
1.1200	1.1300	1.1400	1.1500	1.1600	1.2000	1.2400	1.2500	1.3000
1.2544	1.2769	1.2996	1.3225	1.3456	1.4400	1.5376	1.5625	1.6900
1.4049	1.4429	1.4815	1.5209	1.5609	1.7280	1.9066	1.9531	2.1970
1.5735	1.6305	1.6890	1.7490	1.8106	2.0736	2.3642	2.4414	2.8561
1.7623	1.8424	1.9254	2.0114	2.1003	2.4883	2.9316	3.0518	3.7129
1.9738	2.0820	2.1950	2.3131	2.4364	2.9860	3.6352	3.8147	4.8268
2.2107	2.3526	2.5023	2.6600	2.8262	3.5832	4.5077	4.7684	6.2749
2.4760	2.6584	2.8526	3.0590	3.2784	4.2998	5.5895	5.9605	8.1573
2.7731	3.0040	3.2519	3.5179	3.8030	5.1598	6.9310	7.4506	10.6045
3.1058	3.3946	3.7072	4.0456	4.4114	6.1917	8.5944	9.3132	13.7858
3.4785	3.8359	4.2262	4.6524	5.1173	7.4301	10.6571	11.6415	17.9216
3.8960	4.3345	4.8179	5.3503	5.9360	8.9161	13.2148	14.5519	23.2981
4.3635	4.8980	5.4924	6.1528	6.8858	10.6993	16.3863	18.1899	30.2875
4.8871	5.5348	6.2613	7.0757	7.9875	12.8392	20.3191	22.7374	39.3738
5.4736	6.2543	7.1379	8.1371	9.2655	15.4070	25.1956	28.4217	51.1859
6.1304	7.0673	8.1372	9.3576	10.7480	18.4884	31.2426	35.5271	66.5417
6.8660	7.9861	9.2765	10.7613	12.4677	22.1861	38.7408	44.4089	86.5042
7.6900	9.0243	10.5752	12.3755	14.4625	26.6233	48.0386	55.5112	112.4554
8.6128	10.1974	12.0557	14.2318	16.7765	31.9480	59.5679	69.3889	146.1920
9.6463	11.5231	13.7435	16.3665	19.4608	38.3376	73.8641	86.7362	190.0496
10.8038	13.0211	15.6676	18.8215	22.5745	46.0051	91.5915	108.4202	247.0645
12.1003	14.7138	17.8610	21.6447	26.1864	55.2061	113.5735	135.5253	321.1839
13.5523	16.6266	20.3616	24.8915	30.3762	66.2474	140.8312	169.4066	417.5391
15.1786	18.7881	23.2122	28.6252	35.2364	79.4968	174.6306	211.7582	542.8008
17.0001	21.2305	26.4619	32.9190	40.8742	95.3962	216.5420	264.6978	705.6410
29.9599	39.1159	50.9502	66.2118	85.8499	237.3763	634.8199	807.7936	2619.9956
52.7996	72.0685	98.1002	133.1755	180.3141	590.6682	1861.0540	2465.1903	9727.8604
59.1356	81.4374	111.8342	153.1519	209.1643	708.8019	2307.7070	3081.4879	12646.2186
93.0510	132.7816	188.8835	267.8635	378.7212	1469.7716	5455.9126	7523.1638	36118.8648
289.0022	450.7359	700.2330	1083.6574	1670.7038	9100.4382	46890.4346	70064.9232	497929.2230

FVIFA 年金終值因子

期數	1%	2%	3%	4%	5%	6%	7%	8%	9%	10%
1	1.0000	1.0000	1.0000	1.0000	1.0000	1.0000	1.0000	1.0000	1.0000	1.0000
2	2.0100	2.0200	2.0300	2.0400	2.0500	2.0600	2.0700	2.0800	2.0900	2.1000
3	3.0301	3.0604	3.0909	3.1216	3.1525	3.1836	3.2149	3.2464	3.2781	3.3100
4	4.0604	4.1216	4.1836	4.2465	4.3101	4.3746	4.4399	4.5061	4.5731	4.6410
5	5.1010	5.2040	5.3091	5.4163	5.5256	5.6371	5.7507	5.8666	5.9847	6.1051
6	6.1520	6.3081	6.4684	6.6330	6.8019	6.9753	7.1533	7.3359	7.5233	7.7156
7	7.2135	7.4343	7.6625	7.8983	8.1420	8.3938	8.6540	8.9228	9.2004	9.4872
8	8.2857	8.5830	8.8923	9.2142	9.5491	9.8975	10.2598	10.6366	11.0285	11.4359
9	9.3685	9.7546	10.1591	10.5828	11.0266	11.4913	11.9780	12.4876	13.0210	13.5795
10	10.4622	10.9497	11.4639	12.0061	12.5779	13.1808	13.8164	14.4866	15.1929	15.9374
11	11.5668	12.1687	12.8078	13.4864	14.2068	14.9716	15.7836	16.6455	17.5603	18.5312
12	12.6825	13.4121	14.1920	15.0258	15.9171	16.8699	17.8885	18.9771	20.1407	21.3843
13	13.8093	14.6803	15.6178	16.6268	17.7130	18.8821	20.1406	21.4953	22.9534	24.5227
14	14.9474	15.9739	17.0863	18.2919	19.5986	21.0151	22.5505	24.2149	26.0192	27.9750
15	16.0969	17.2934	18.5989	20.0236	21.5786	23.2760	25.1290	27.1521	29.3609	31.7725
16	17.2579	18.6393	20.1569	21.8245	23.6575	25.6725	27.8881	30.3243	33.0034	35.9497
17	18.4304	20.0121	21.7616	23.6975	25.8404	28.2129	30.8402	33.7502	36.9737	40.5447
18	19.6147	21.4123	23.4144	25.6454	28.1324	30.9057	33.9990	37.4502	41.3013	45.5992
19	20.8109	22.8406	25.1169	27.6712	30.5390	33.7600	37.3790	41.4463	46.0185	51.1591
20	22.0190	24.2974	26.8704	29.7781	33.0660	36.7856	40.9955	45.7620	51.1601	57.2750
21	23.2392	25.7833	28.6765	31.9692	35.7193	39.9927	44.8652	50.4229	56.7645	64.0025
22	24.4716	27.2990	30.5368	34.2480	38.5052	43.3923	49.0057	55.4568	62.8733	71.4027
23	25.7163	28.8450	32.4529	36.6179	41.4305	46.9958	53.4361	60.8933	69.5319	79.5430
24	26.9735	30.4219	34.4265	39.0826	44.5020	50.8156	58.1767	66.7648	76.7898	88.4973
25	28.2432	32.0303	36.4593	41.6459	47.7271	54.8645	63.2490	73.1059	84.7009	98.3471
30	34.7849	40.5681	47.5754	56.0849	66.4388	79.0582	94.4608	113.2832	136.3075	164.4940
35	41.6603	49.9945	60.4621	73.6522	90.3203	111.4348	138.2369	172.3168	215.7108	271.0244
36	43.0769	51.9944	63.2759	77.5983	95.8363	119.1209	148.9135	187.1021	236.1247	299.1268
40	48.8864	60.4020	75.4013	95.0255	120.7998	154.7620	199.6351	259.0565	337.8824	442.5926
50	64.4632	84.5794	112.7969	152.6671	209.3480	290.3359	406.5289	573.7702	815.0836	1163.9085

11%	12%	13%	14%	15%	16%	20%	24%	25%
1.0000	1.0000	1.0000	1.0000	1.0000	1.0000	1.0000	1.0000	1.0000
2.1100	2.1200	2.1300	2.1400	2.1500	2.1600	2.2000	2.2400	2.2500
3.3421	3.3744	3.4069	3.4396	3.4725	3.5056	3.6400	3.7776	3.8125
4.7097	4.7793	4.8498	4.9211	4.9934	5.0665	5.3680	5.6842	5.7656
6.2278	6.3528	6.4803	6.6101	6.7424	6.8771	7.4416	8.0484	8.2070
7.9129	8.1152	8.3227	8.5355	8.7537	8.9775	9.9299	10.9801	11.2588
9.7833	10.0890	10.4047	10.7305	11.0668	11.4139	12.9159	14.6153	15.0735
11.8594	12.2997	12.7573	13.2328	13.7268	14.2401	16.4991	19.1229	19.8419
14.1640	14.7757	15.4157	16.0853	16.7858	17.5185	20.7989	24.7125	25.8023
16.7220	17.5487	18.4197	19.3373	20.3037	21.3215	25.9587	31.6434	33.2529
19.5614	20.6546	21.8143	23.0445	24.3493	25.7329	32.1504	40.2379	42.5661
22.7132	24.1331	25.6502	27.2707	29.0017	30.8502	39.5805	50.8950	54.2077
26.2116	28.0291	29.9847	32.0887	34.3519	36.7862	48.4966	64.1097	68.7596
30.0949	32.3926	34.8827	37.5811	40.5047	43.6720	59.1959	80.4961	86.9495
34.4054	37.2797	40.4175	43.8424	47.5804	51.6595	72.0351	100.8151	109.6868
39.1899	42.7533	46.6717	50.9804	55.7175	60.9250	87.4421	126.0108	138.1085
44.5008	48.8837	53.7391	59.1176	65.0751	71.6730	105.9306	157.2534	173.6357
50.3959	55.7497	61.7251	68.3941	75.8364	84.1407	128.1167	195.9942	218.0446
56.9395	63.4397	70.7494	78.9692	88.2118	98.6032	154.7400	244.0328	273.5558
64.2028	72.0524	80.9468	91.0249	102.4436	115.3797	186.6880	303.6006	342.9447
72.2651	81.6987	92.4699	104.7684	118.8101	134.8405	225.0256	377.4648	429.6809
81.2143	92.5026	105.4910	120.4360	137.6316	157.4150	271.0307	469.0563	538.1011
91.1479	104.6029	120.2048	138.2970	159.2764	183.6014	326.2369	582.6298	673.6264
102.1742	118.1552	136.8315	158.6586	184.1678	213.9776	392.4842	723.4610	843.0329
114.4133	133.3339	155.6196	181.8708	212.7930	249.2140	471.9811	898.0916	1054.7912
199.0209	241.3327	293.1992	356.7868	434.7451	530.3117	1181.8816	2640.9164	3227.1743
341.5896	431.6635	546.6808	693.5727	881.1702	1120.7130	2948.3411	7750.2251	9856.7613
380.1644	484.4631	618.7493	791.6729	1014.3457	1301.0270	3539.0094	9611.2791	12321.9516
581.8261	767.0914	1013.7042	1342.0251	1779.0903	2360.7572	7343.8578	22728.8026	30088.6554
1668.7712	2400.0182	3459.5071	4994.5213	7217.7163	10435.6488	45497.1908	195372.6442	280255.6929

書　　　名　愈花愈有錢，跟著有錢人學理財！
作　　　者　馮　潔
編　　　輯　鍾若琦

發　行　人　程顯灝
總　編　輯　呂增娣
主　　　編　李瓊絲
編　　　輯　鄭婷尹、陳思穎、邱昌昊、黃馨慧
美 術 主 編　吳怡嫻
美　　　編　侯心苹

行 銷 總 監　呂增慧
行 銷 企 劃　謝儀方、吳孟蓉

發　行　部　侯莉莉
財　務　部　許麗娟
印　　　務　許丁財
出　版　者　四塊玉文創有限公司

總　代　理　三友圖書有限公司
地　　　址　106 台北市安和路 2 段 213 號 4 樓
電　　　話　(02) 2377-4155
傳　　　真　(02) 2377-4355
E － mail　ervice@sanyau.com.tw
郵 政 劃 撥　05844889 三友圖書有限公司

總　經　銷　大和書報圖書股份有限公司
地　　　址　新北市新莊區五工五路 2 號
電　　　話　(02) 8990-2588
傳　　　真　(02) 2299-7900
製 版 印 刷　皇城廣告印刷事業股份有限公司
初　　　版　2015 年 12 月
定　　　價　新臺幣 300 元
Ｉ S B N　978-986-5661-08-3(平裝)

國家圖書館出版品預行編目 (CIP) 資料

愈花愈有錢，跟著有錢人學理財！
馮潔著 .-- 初版 .-- 臺北市：四塊玉文創，
2015.12
　面；　公分
ISBN 978-986-5661-08-3(平裝)

1. 理財 2. 財富

563　　　　　　　　　　104024624

親愛的讀者：

感謝您購買《愈花愈有錢，跟著有錢人學理財》一書，為感謝您對本書的支持與愛護，只要填妥本回函，並寄回本社，即可成為三友圖書會員，將定期提供新書資訊及各種優惠給您。

姓名 _____ 出生年月日 _____

電話 _____ E-mail _____

通訊地址 _____

臉書帳號 _____

部落格名稱 _____

1 年齡
□ 18 歲以下 □ 19 歲～ 25 歲 □ 26 歲～ 35 歲 □ 36 歲～ 45 歲 □ 46 歲～ 55 歲
□ 56 歲～ 65 歲 □ 66 歲～ 75 歲 □ 76 歲～ 85 歲 □ 86 歲以上

2 職業
□軍公教 □工 □商 □自由業 □服務業 □農林漁牧業 □家管 □學生
□其他 _____

3 您從何處購得本書？
□網路書店 □博客來 □金石堂 □讀冊 □誠品 □其他 _____
□實體書店 _____

4 您從何處得知本書？
□網路書店 □博客來 □金石堂 □讀冊 □誠品 □其他 _____
□實體書店 _____ □ FB(微胖男女粉絲團 - 三友圖書)
□三友圖書電子報 □好好刊 (季刊) □朋友推薦 □廣播媒體 _____

5 您購買本書的因素有哪些？ (可複選)
□作者 □內容 □圖片 □版面編排 □其他 _____

6 您覺得本書的封面設計如何？
□非常滿意 □滿意 □普通 □很差 □其他 _____

7 非常感謝您購買此書，您還對哪些主題有興趣？ (可複選)
□中西食譜 □點心烘焙 □飲品類 □旅遊 □養生保健 □瘦身美妝 □手作 □寵物
□商業理財 □心靈療癒 □小說 □其他 _____

8 您每個月的購書預算為多少金額？
□ 1,000 元以下 □ 1,001 ～ 2,000 元 □ 2,001 ～ 3,000 元 □ 3,001 ～ 4,000 元
□ 4,001 ～ 5,000 元 □ 5,001 元以上

9 若出版的書籍搭配贈品活動，您比較喜歡哪一類型的贈品？ (可選 2 種)
□食品調味類 □鍋具類 □家電用品類 □書籍類 □生活用品類 □ DIY 手作類
□交通票券類 □展演活動票券類 □其他 _____

10 您認為本書尚需改進之處？以及對我們的意見？
_____

感謝您的填寫，
您寶貴的建議是我們進步的動力！